Coaching-Praxis

Coaching-Praxis

Führungskräfte professionell begleiten, beraten und unterstützen

Herausgegeben von

Werner Vogelauer

3. Auflage

Luchterhand

Die Deutsche Bibliothek – CIP-Einheitsaufnahme

Coaching-Praxis / Werner Vogelauer (Hrsg.) – 3. Auflage – Neuwied · Kriftel:
Luchterhand, 2000
ISBN 3-427-04291-5

Satz: Zehetner Ges. m. b. H., A-2105 Oberrohrbach
Druck: Betz-Druck, Darmstadt
Umschlaggestaltung: Schneider & Reckels, Wiesbaden
Printed in Germany · 2000

Gedruckt auf säurefreiem, altersbeständigem und chlorfreiem Papier

Was bedeutet Coaching-Praxis?

Dieses Werk ist aus einer langjährigen Arbeit mit Führungskräften und Mitarbeitern von Unternehmen und Institutionen in Wirtschaft, Kultur und Verwaltung hervorgegangen. Die Erfahrungen in der Unternehmensberatung, Organisations- und Personalentwicklung führten zu der Erkenntnis, daß neben Seminaren, Diagnosekonferenzen, Projektgruppen und Klausuren ein wichtiges Instrument der Entwicklungsberatung entstanden ist, jedoch noch wenig genutzt wird: Die individuelle Begleitung und Unterstützung von verantwortlichen Mitarbeitern – insbesondere in Veränderungsprozessen – die wir als Coaching bezeichnen.

In der Wirtschaft wie in der Beratungsarbeit wird Coaching zunehmend akzeptiert (siehe den Beitrag über die Kundensicht zum Coaching in Deutschland, Österreich und der Schweiz).

Es zeigte sich, daß die Konzepte und Methoden, die wir für Gruppenprozesse und Entwicklungsarbeit in Organisationen entwickelt hatten, mit wenigen Adaptierungen für unsere Coachingarbeit anwendbar waren (siehe den Beitrag über ganzheitliches Coaching). Unser Menschen- und Organisationsbild ist von der Fähigkeit, sich sowohl als Individuum als auch als Organisation zu entwickeln, geprägt. Wir legen ebenso einen Blick auf das „Innere" und „Äußere" des Themas, damit ganzheitliche Arbeit gewährleistet ist.

Die ersten Coachings wurden mit Führungskräften durchgeführt. Für sie war und ist es entscheidend, rasch und zielgerichtet mit ihren Fragen und Problemen umgehen zu können und jemanden als Gesprächspartner zu haben, der ihnen zusätzliche Sichtweisen bringt, diese aber auch hinterfragt. Dazu mehr im Beitrag von *Hans von Sassen* über die Unterstützung bei Problemlösungs- und Entscheidungsprozessen.

Im Management-Development bzw. bei der Führungskräfte-Entwicklung wird Coaching vermehrt eingesetzt. Welche Möglichkeiten des Praxis-Einsatzes es anhand praktischer Unternehmensfälle gibt, dazu mehr in den Beiträgen von *Franz Biehal* und *Hans Glatz*.

Wenn wir von Coaching sprechen, meinen wir eine Begleitarbeit für Menschen in Organisationen, um ihre Rolle erfolgreich und zufriedenstellend in Gegenwart und Zukunft ausfüllen zu können. Dabei wollen wir die beruflich-strukturelle, die beziehungsmäßige wie auch die persönliche Seite ansprechen. Die Förderung der Persönlichkeit des Coaching-Kunden zur Bewältigung seiner Aufgaben mit seinen Fähigkeiten steht im Mittelpunkt des Beitrages von *Elfriede Biehal-Heimburger* über die Persönlichkeitsentwicklung im Coaching.

Ganzheitliche Veränderung heißt, die Komponenten der Gesamtwirklichkeit in ihrer wechselseitigen Abhängigkeit anzugeben. Will z. B. ein Unternehmen die Strategie ändern, dann wird dies erst Realität, wenn zu gleicher Zeit Funktionen, Strukturen, Arbeitsweisen entsprechend verändert und die Menschen neue Fähigkeiten erwerben und ihre Auffassungen und Gewohnheiten ändern – also auch die Organisationskultur eine neue Qualität erhalten muß. Hierin liegt auch der größte Widerstand gegen ein an sich vernünftiges und erfolgreiches Vorhaben.

Unsere Erfahrungen zeigen, daß die Freiwilligkeit der Begleitung und eine vertrauensvolle und offene Beziehung Garanten für den Erfolg sind. Es darf keine Abhängigkeit zum Coach durch entsprechendes Handeln oder durch die eigene Bereitschaft dazu etabliert werden. Abhängigkeiten führen zu einer schiefen Ebene der Arbeitsbeziehung. Ebenso darf nur der Gecoachte die Entscheidungen und Handlungen treffen bzw. umsetzen. Der Coach sieht seine Rolle darin, professionelle Feldkenntnis und Kommunikationsfähigkeit wie sein Repertoire an Interventionen, seine Beziehungsfähigkeit und Nähe u. a. m. einzubringen. (siehe den Beitrag „Wie wird Coaching von den Kunden gesehen“ und „Coachingprozeß“)

Da sowohl weibliche wie männliche Personen als Coach fungieren möchte ich den Coach als Begriff für beide Geschlechter verstehen. Zur leichteren Lesbarkeit habe ich mich entschieden, es bei einem Begriff zu belassen, speziell dort wo Mehrfachformulierungen notwendig wären.

Ich wünsche Ihnen, liebe(r) LeserIn viel Vergnügen beim Lesen und vielleicht den einen oder anderen Hinweis für Ihre Alltagssituation. Ob als Coaching-Kunde oder als Coach, vielleicht bringt Sie die eine oder andere Idee auf neue Gedanken und Aktivitäten, die sie nutzen und erfolgreich kommunizieren.

Der Herausgeber

Werner Vogelauer

Inhaltsverzeichnis

Coaching – ganzheitlich gesehen

Voraussetzungen – Konzepte – Praxisergebnisse

Hans von Sassen/Werner Vogelauer

In Unternehmungen haben sich in den letzten Jahren neue Formen der Begleitung etabliert. Unzufriedenheit und Zeitaufwand waren, laut Umfragen, maßgeblich für die Verringerung von Seminaren und Kursen. Neue Kurzformen, wie eben Coaching, haben sich – besonders im Management – durchgesetzt.

Mit Hilfe von Coaching werden verantwortlich Handelnde, bspw. eine Führungskraft, so gefördert und unterstützt, daß sie eine vor ihr liegende Aufgabe, in der sachliche, menschlich-soziale und konzeptive Aspekte verwoben sind, erfolgreich zu Ende bringen können. Das erfordert also eine nicht nur fachlich einseitige, sondern eine ganzheitliche Vorgehensweise.

Die folgenden sieben Abschnitte geben eine Übersicht über die verschiedenen Aspekte und Rahmenbedingungen der Coaching-Arbeit, die für die Praxis relevant sind.

1. Erfolgsfaktoren von Coaching?

Neben den bisher angewandten Formen der Beratung und Begleitung hat das Coaching eine zunehmende Bedeutung erlangt und hat besonders in der Wirtschaft Anklang gefunden. Welche Merkmale des Coaching haben zu diesem positiven Image beigetragen?

exklusiv

Kein Dritter ist am Coachingprozeß beteiligt. Der Coach kann sich ganz auf den Kunden und sein Anliegen konzentrieren. Das ermöglicht effektiv und mit geringerem Zeiteinsatz – z. B. an der Lösung eines konkreten Problems – zu arbeiten.

maßgeschneidert

Der Coach lebt gedanklich mit der einmaligen Situation des Klienten mit. Er schneidet sein Wissen und seine Erfahrung auf diese Situation und die Bedürfnisse, Ziele und Fragen des Klienten zu.

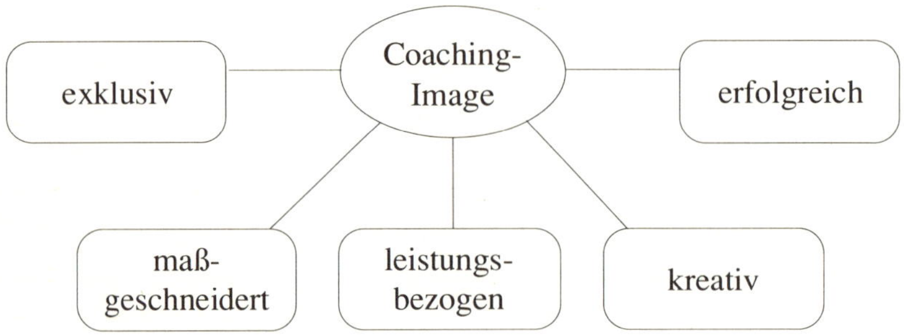

Abb. 1: Imageaspekte

leistungsbezogen

Wie im Sport stellen die Aufgaben und Probleme für denjenigen, der einen Coach in Anspruch nimmt, eine Herausforderung zur Leistung dar, das über das übliche Maß hinausgeht – also eine bemerkenswerte, vielleicht sogar eine Spitzenleistung. Im Coaching wird der Kunde gefordert, nicht nur an der Sache, sondern auch an sich zu arbeiten und das im Prozeß Erreichte ständig zu überprüfen.

kreativ

Aufgaben und Probleme, die als Herausforderung erlebt werden, stellen Anforderungen an die Kreativität. Der professionelle Coach ist auf Kreativität eingestellt und versucht diese beim Kunden zu wecken und zu verstärken.

erfolgreich

Coaching hört nicht bei einer „gedanklichen" Problemlösung oder Entscheidungsfindung auf, sondern orientiert sich auch auf die Umsetzung, d. h. auf die Initiative und Handlungfähigkeit des Klienten, um sichtbare Erfolge zu erreichen.

Die Kriterien zeigen, daß Coachen in diesem Sinne recht hohe Anforderungen an die Fähigkeiten, die Lebenserfahrung und die Glaubwürdigkeit des Coach stellen. Das gute Image von Coaching hat allerdings dazu geführt, daß viele den Begriff Coaching als Überschrift für Angebote nutzen, die den genannten Merkmalen nicht entsprechen. Das trägt zu einer Begriffsinflation bei, die die Urteilsbildung bei der Suche nach einem geeigneten Coach erschwert. Die Einstellung „Coachen braucht man doch nicht zu lernen, das habe ich immer schon getan" findet man in Gesprächen immer wieder an.

Im wesentlichen beziehen wir uns auf das Einzel-Coaching, d. h. ein Zweiergespräch zwischen Coaching-Klient und Coach. Wenn zwei oder mehr Personen an derselben aktuellen Aufgabe (Projekt, Problem usw.) eng zusammenarbeiten und als Team regelmäßig am Coachingprozeß teilnehmen, können wir von Team-Coaching reden. Wenn es um eine Person in der Gruppe geht, ist es Einzelcoaching in der Gruppe, auch Gruppen-Coaching bezeichnet.

Wie die Aussagen von Führungskräften in der Wirtschaft belegen, zählt die Effektivität, die gezielte Form des Coaching und der kurze Zeiteinsatz wie auch der persönliche Rahmen, d. h. ohne – wie es in Klausuren oder Seminaren üblich ist – die Anwesenheit anderer.

2. Coaching als ganzheitliches Konzept

Der Leser wird sich fragen, was ist ganzheitliches Coaching? Ganzheitliches Coaching ist nicht nur auf ein methodisches Vorgehen gerichtet. Unser Blick – siehe Abbildung 2 – zeigt drei Dimensionen auf.

Der Einsatz von geeigneten Konzepten, Methoden und Instrumenten im Coachingprozeß ist notwendig, um zu Entwicklungsschritten und Problemlösungen zu kommen. Darin liegt die methodische Komponente des Coaching.

Die zweite Komponente beinhaltet die Aufmerksamkeit für und die Gestaltung der Interaktion zwischen Coaching-Kunde und Coach im Gespräch. Zu oft bleiben diese zwischenmenschlichen Vorgänge unbewußt. Wie der Coach als Person zu Aspekten des Themas eingestellt ist, wie er auf sein Gegenüber eingeht und sich die Beziehung zum Klienten entwickelt, kurz seine „soziale Kompetenz" – kann Coaching zum Erfolg oder zum Scheitern bringen.

Eine dritte Komponente, die aus unserer Sicht zur Ganzheitlichkeit unbedingt dazugehört, ist der ethisch-konzeptive Teil. Wie gehe ich an die Dinge heran? Welche Einstellung habe ich als Coaching-Kunde wie als Coach zu Thema, Menschen und Umfeld? Welche Konzepte über Mensch-Sein, Wirklichkeit, Umgang mit anderen usw. habe ich im Hinterkopf?

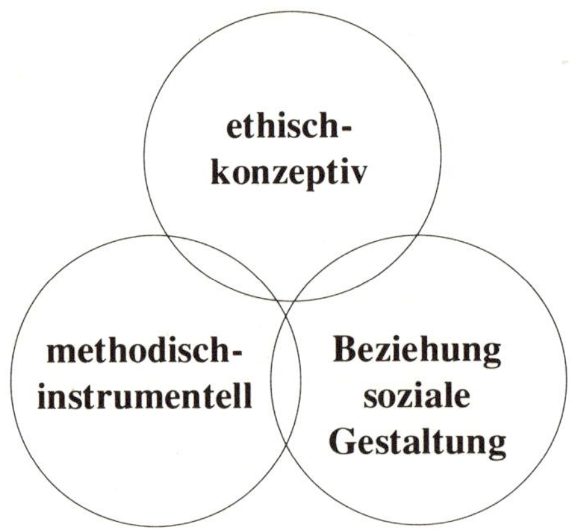

Abb. 2: Ganzheitliches Konzept

In der folgenden Tabelle möchten wir einige praktische Beispiele aus unserem Arbeitsalltag zu diesen drei Komponenten im Coaching anführen:

Methodisch – instrumentell	**Beziehung, soziale Gestaltung**	**Ethisch-konzeptiv**
Fragebogen zur Selbstdiagnose bspw. Führungsstil, Ich-Zustands-Profil	Eingehen auf Bedürfnisse, Beziehung herstellen durch Blickkontakt, aktives und passives Zuhören	Akzeptieren des Gegenüber. Mag ich ihn im allgemeinen Sinne? (was nicht mit der Akzeptanz von Verhaltensweisen des Kunden gleichzusetzen ist)

Fortsetzung S. 13

Methodisch – instrumentell	**Beziehung, soziale Gestaltung**	**Ethisch-konzeptiv**
offene Fragen zur Anregung eigener Lösungspotentiale	Sprache in der Art des Kunden. Verständlich ist einfach, kurz, konkret, aber auch stimulierend und ergänzend	Wie stehe ich selbst innerlich zum Problem? Hasse ich das Thema oder habe ich selbst das Problem noch nicht gelöst oder läßt es mich völlig kalt?
Visions-Übung durch Fragen, Hinweise zum Zeichnen (Bild der Zukunft) oder innere Reise zur (unter)bewußten Vorstellung über die anzustrebende zukünftige Situation	Welche verschiedenen Beziehungen, im Betrieb, im Privatleben oder in der Freizeit verbinden mich mit dem Kunden bzw. widersprechen sich eventuell auch?	Wie lade ich ihn wirklich ein, zu reden, Dinge zu erzählen, d. h. bin ich bereit, alles zu hören und anzunehmen?
erstellen/entwickeln von Instrumenten, Methoden zur Bewußtmachung bzw. Klärung der Situation, oftmals völlig Neues	Bin ich selbst offen? Kann ich auch eigene Beispiele einbringen (zur Illustration, Hilfe, Unterstützung)?	Biete ich dem Kunden (Eigen) Zeit für Ideen, gebe ich ihm Ideen, Vorgehensweisen vor?
Angebote von Ablaufkonzepten bspw. Problemlösungsprozeß oder Entscheidungsprozedere	nonverbale Vertrauensangebote (offener Blick, offene Sitzhaltung ...) oder verbale Einladungen (ich höre Ihnen gerne zu, was möchten Sie mir mitteilen/ sagen, ich stehe Ihnen jetzt ganz zu Ihrer Verfügung ...)	Bin ich selbst offen,, ehrlich, verschwiegen? Kann ich Vertrauen ausstrahlen, geben bzw. will ich den Kunden – auch vor sich selbst – schützen?

Tab. 1: Praktische Beispiele zum ganzheitlichen Konzept

Erst die regelmäßige Berücksichtigung aller drei Komponenten im Coachingprozeß bietet eine ganzheitliche Orientierung, d. h. beim Gespräch mit dem Coaching-Kunden schauen wir sowohl auf die emotionalen und beziehungsmäßigen Gegebenheiten bei der methodischen Arbeit wie auch auf die zwischen den Zeilen signalisierten ethischen Seiten.

Wenn z. B. das Thema „Ärger mit Mitarbeitern und Umgang damit“ heißt, werden Fragen wie z. B. „Was ärgert Sie an der Situation?“ oder „Was macht es Ihnen schwer, auf diese Situation wirksam einzugehen?“ gestellt bzw. Übungen – etwa ein Rollengespräch zur Situation mit dem (fiktiven) Mitarbeiter durch den Gecoachten in beiden Rollen – angeboten (methodische Komponente). Weiters wird die Beziehung zwischen Gecoachten und seinem thematisierten Partner betrachtet, welche Spannungen und wodurch sie sich breit machen und welchen inneren Auslöser der Ärger hat („Wie erleb(t)en Sie diese Beziehung in der Vergangenheit? oder „Wie gehen Sie sonst mit Ärger oder Schwierigkeiten um?“). Dies kann möglicherweise direkt auf die innere Haltung und „eigene Philosophie“ der Person führen, die einer Lösung im Wege steht, die vielleicht auch hilfreich für Alternativen sein kann.

Traditionell wurden – zumeist unabhängig voneinander – zugezogen:

Bei methodisch-instrumentellen Problemen	z. B. erfahrene Fachexperten, Fachberater usw.
bei Beziehungs-, sozialen Problemen	z. B. Psychologen, Psychotherapeuten, Lebens- und Sozialberater usw.
bei ethisch-konzeptiven Problemen	z. B. weise Ratgeber, Senior-Manager etc.

Diese Gebiete sind in der Wirklichkeit miteinander verknüpft und durchdringen einander teilweise. Speziallösungen sind im Bereich der Überlappungen unbefriedigend und/oder schaffen neue Probleme. Folgendes Bild stellt das symbolisch dar:

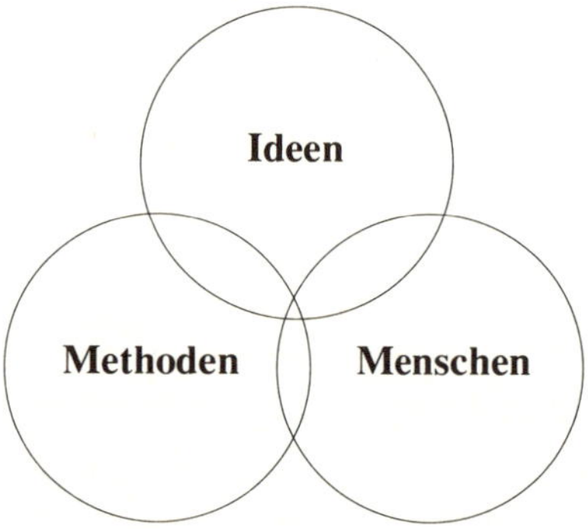

Abb. 3: Menschen – Ideen – Methoden

3. Begriffs-Wirrwarr – Einige vorläufige Klärungen

In der heutigen Literatur taucht unter Coaching eine Vielfalt von Begriffen auf wie Führungs-, Mitarbeiter-, Karriere-, Persönlichkeits-, Fach-Coaching, aber auch exotische Begriffe wie Self-Coaching, Crash-Coaching oder EDV-Coaching. Manche Begriffe umfassen nur einen Teilaspekt des Coaching. Besser wäre auf die schon bestehenden Begriffe wie On-the-job-Training oder Konfrontationsarbeit zurückzugreifen, die die tatsächlichen Inhalte auch klarer beschreiben. Aus unserer Sicht schafft Self-Coaching die Illusion, sich selbst coachen zu können. Ehrlicher wäre Selbstbeauftragung oder Selbstdisziplin (bei der Umsetzung), aber das ist nur ein Teil des Coaching.

Checklists oder Fragen bieten keinen Ersatz für einen Dialog, für Feedback oder einen Kommunikationsprozeß, der zu Ideen- bzw. Gedankenaustausch führt oder neue Sichtweisen schafft. Der Coachingprozeß kann die Konfrontation widersprüchlicher Aussagen ermöglichen. Begleitungen, die sich auf rein fachliche Abläufe konzentrieren und keine persönliche Betreuung bzw. Eingehen auf die privaten Aspekte im fachlichen Feld beinhalten, sind besser unter Fachberatung oder On-the-job-Training einzuordnen. Beim Crash-Coaching scheint die Agitations-Sprachkultur Blüten zu treiben. Eine Konflikt- oder Konfrontationsarbeit ist als einzelner Aspekt des Coaching zu wenig. Hier fehlen Ideen, Maßnahmen, Unterstützungen und Verstärkung bzw. Zusammenhänge zwischen persönlichen und beruflichen Aspekten, die zu einem Umsetzungs- bzw. Entwicklungsprozeß führen.

Coaching ist ...	**Coaching ist nicht ...**
verbindende Arbeit mit der Berufswelt des Kunden und persönlichen Aspekten	rein fachliche Beratung
zielorientierte und situativ ausgegerichtete Begleitung	psychotherapeutische Arbeit
gleichberechtigt ablaufend	Führung hin auf ein Arbeitsziel
Unterstützung von Weiterentwicklung	Team-Entwicklung On-the-job-Training

Tab. 2: Was Coaching ist bzw. nicht ist

4. Arbeits-Themen

4.1 Einzel-Coaching

Wenn eine zu coachende Person sich einen kompetenten und vertrauensvollen Partner für eine Begleitung seiner Berufsarbeit sucht, so gibt es eine Vielzahl von Einstiegsmöglichkeiten. Wir wollen ein paar Beispiele dazu als Ausschnitt aus der Vielfalt des Alltags ansprechen:

Themen	**Beispielhafte Aussagen zu Beginn des Coaching**
Entscheidungsunsicherheit	„ich merke, daß ich oft zögere bei Entscheidungen“, „ich bin unsicher, was richtig ist“, „ich möchte zu besseren und rascheren Entscheidungen kommen …“
Schwierigkeiten mit anderen Personen in bestimmten Situationen	„ich komme mit X nicht zu Rande“, „was mache ich falsch, daß Y immer wieder dagegen redet …“
Noch keine Erfahrung mit Führung bzw. Führung von Führungskräften	„Ich übernehme einen neuen Job; bis jetzt habe ich noch keine Mitarbeiter geführt …“ „Ich habe zwar schon Leute geführt, aber noch nicht von der Spitze weg und nicht welche, die selbst Führungskräfte sind“ …
Unterstützung bei der Ausfüllung eines neuen Jobs bzw. neue Situationen im Job und das erfolgreiche Umgehen damit	Chef: „Ich möchte, daß Sie meinen Mitarbeiter begleiten, seinen Weg zu finden, den neuen Job wirkungsvoll auszufüllen“ …, „Ich habe Probleme in meinem neuen Job …“

Fortsetzung S. 17

Themen	Beispielhafte Aussagen zu Beginn des Coaching
Keinen Gesprächspartner im Betrieb für komplizierte Unternehmenssituationen, weil auch persönliche Fragen, Unsicherheit oder Unklarheiten mitspielen	„Wissen Sie, ich habe eigentlich niemanden bei uns, dem ich mein Herz ausschütten kann …“ „Ich brauche einen externen Partner„ der nicht betriebsblind ist …“ „Ich möchte meine persönlichen Fragen und Probleme ungern jemanden im Betrieb erzählen …“
Bestätigung für überlegte bzw. ausgewählte Alternativen oder Vorgehensweisen im Betrieb	„Ich habe mir da schon einiges überlegt, möchte aber gerne wissen, ob das paßt …“ „Ich sehe da einige Wege, brauche aber einen kritischen Partner, der mir hilft, auf eventuell(e) blinde Flecken draufzukommen“
Sich rüsten für zukünftige Herausforderungen (die sich am Horizont schon abzeichnen)	„Unsere Branche ist so schnellebig. Da muß ich heute schon etwas tun, damit wir in den nächsten Jahren nicht auf der Strecke bleiben.“ „Wie kann ich den sich abzeichnenden Problemen begegnen?“ „Ich möchte mit meinen Leuten erfolgreich am Markt sein; was kann ich dazu beitragen? …“
Persönliche Schwächen, die „man kennt“ und die sich im Arbeitsgeschehen auswirken, aber wo der zu Coachende keine Lösungen oder Wege weiß	„Ich weiß, das ich ein sprunghafter Mensch bin und meine Mitarbeiter Probleme haben. Wie kann ich das ändern?“ „Ich neige dazu, wenn nicht gleich einer aktiv wird, daß ich selbst das tue; aber meine Mitarbeiter werden immer fauler …“

Tab. 3: Themen-Beispiele für Coaching

4.2 Team-Coaching

Coaching als Unterstützung wird nicht nur von Einzelpersonen nachgefragt, zunehmend sind Anfragen von Arbeitsgruppen verschiedenster Formen als gesamte Einheit ein Coaching für sich in Anspruch zu nehmen, festzustellen:

- Prozesse (neu) zu strukturieren, die Einrichtung dafür (mit)zu gestalten und Menschen entsprechend einzuschulen
- die Konsequenzen einer Unternehmensentscheidung für den eigenen Bereich bzw. für die eigene Aufgabe zu untersuchen und durchzuführen
- erfolgreicher miteinander arbeiten zu können
- Klärung zu finden, was im Team hindert, um miteinander besser umzugehen
- aus dem gemeinsamen „Chaos“ wieder ein gemeinsames Vorgehen zu machen
- die gemeinsame Arbeit hinterfragen, die schon zur Routine wurde
- als Projektteam auch während des Projektes wollen wir erfolgreich zusammenarbeiten und Ergebnisse erzielen. Wir wollen von Zeit zu Zeit überprüfen, wie es noch besser gehen könnte usw.

Diese Themen sind oft mit – auch heiklen – Personalproblemen verbunden, ganz egal ob es sich um zukunftsorientierte Veränderungen oder gegenwärtige Unstimmigkeiten oder gar Folgewirkungen einer Krise aus der jüngsten Vergangenheit handelt. Die Ausgangslage für ein Coaching kann auch weniger sachlich, mehr emotional oder beziehungsorientiert sein wie bspw.

- Schwierigkeiten mit bestimmten Personen oder Gruppen. Wie kann ich damit umgehen bzw. fertig werden?
- Schwierigkeiten in Beziehungsfragen oder Konflikten
- Umgehen mit eigener Unsicherheit, mit Gefühlen oder mit Emotionen, die meine Umgebung mir zeigt usw.

Dies sind Beispiele aus der Coaching-Praxis mit Personen, gleich ob Führungskraft oder Mitarbeiter in einer Organisation, aber auch mit Gruppen und Teams. Das Leben ist viel komplexer geworden und verändert sich in immer kürzeren Intervallen. Der einzelne Mitarbeiter ist oft überfordert, da die persönlichen Aufgaben nicht von denen der Kollegen isoliert gesehen werden können.

Der Aberglaube, daß jeder Manager jedes Problem im eigenen Kopf zu lösen hat, um als Manager anerkannt zu werden, ist längst überholt. Coaching, Beratung und Begleitung jeder Art wird Schritt für Schritt zu einer Selbstverständlichkeit –

nicht als Beweis der Unfähigkeit der Person oder als Verschwendung von Geldmitteln. Die Verantwortung bleibt in jedem Fall beim Manager – abgesehen davon, daß eine gute Entscheidung(sfindung) das Vielfache eines Coaching-Honorars bringen bzw. einsparen helfen kann.

4.3 Wann und wie lange Coaching?

Wenn die Fragen bzw. Probleme als Ausgangssituation bekannt sind, ist es dann sinnvoll, sich einen Coach als Partner zu suchen? Wann sollte der zu Coachende das ernsthaft erwägen?

Sobald man das Gefühl hat, es könnte jemand als Gesprächspartner, „sounding board", Hinterfrager, zusätzlicher Ideengeber oder ähnliches in Frage kommen, ist es ratsam, sich nach einer derartigen Person umzuschauen. In vielen Fällen haben diese Personen Kontakt zu Trainern, Beratern, Psychologen usw. Es gibt meist genügend Menschen in der beruflichen oder privaten Umgebung, die eine Person mit entsprechendem psychosozialen wie fachlichen Hintergrund kennen.

Wichtig ist dabei, ein Vorgespräch mit dem ins Auge gefaßten weiblichen oder männlichen Coach zu führen. Das hilft zu sehen, ob eine gute Wellenlänge zwischen den beiden Gesprächspartnern herrscht bzw. der zu Coachende auch ein gutes Gefühl der Unterstützung sowohl fachlicher wie menschlicher Art hat. Es klärt, ob der mögliche Coach ein „Zampano in allen Gassen" scheint oder in den wichtigsten Fragen gar nicht Stellung nehmen möchte, ob er mit Erfahrung sowohl auf beruflich-fachlichem Sektor wie auf psychosozial-beziehungsorientiertem Sektor aufwarten kann oder nur Fachmann ist bzw. nur therapeutisch agiert. Neben der inhaltlichen Frage ist auch die Zeitfrage von Bedeutung.

Coaching ist ein kontinuierlicher Prozeß, d. h. daß mit mindestens 3–4 Gesprächen zu rechnen ist. Diese Gespräche sollten in nicht zu großen (mehr als zweimonatigen) oder in zu kurzen Abständen (unter 2 Wochen) stattfinden. Eine Einzelstunde kann in der mittleren Phase eines Coaching ohne weiteres erfolgen, am Anfang in der Phase der Diagnose und Orientierung sollten mindestens zwei Stunden in einem, eventuell sogar noch mehr, genutzt werden.

Was den Zeitpunkt betrifft, so haben sich am besten Zeiträume herausgestellt, wo der zu Coachende sich in Ruhe auf die Coachingarbeit konzentrieren kann. Das kann am frühen Abend sein, kann natürlich auch tagsüber vormittags oder nachmittags passen, je nach Arbeitssituation oder persönlichen Bedürfnissen. Sicherlich ist auch der Ort, seine Ungestörtheit bzw. Lage mit einzubeziehen.

5. Rahmenbedingungen für Coaching

Welche für Coaching geeignete bzw. ungünstige Rahmenbedingungen finden wir in Organisationen vor?

Gehen wir von ein paar einfachen Situationen aus:

Fall A
Der Coachingwunsch kommt direkt vom zu Coachenden. Er wendet sich an einen außerhalb des Betriebes tätigen Coach. Ein Vorgespräch mit ihm bringt Klarheit, ob die Art der Kommunikation und des Arbeitens paßt. Der Wille und das voraussichtliche Thema der Betreuung sind für den Kunden klar. Er entscheidet sich freiwillig für diesen Coach. Im Betrieb gibt es eine breite Palette an Personalentwicklungs-Maßnahmen, die den Mitarbeitern zur Verfügung stehen.

Fall B
Ein Vorgesetzter meldet sich bei einem Coach und möchte für seinen Mitarbeiter ein Coaching durchführen lassen. Der Mitarbeiter hat massive Schwächen in der sozialen Kompetenz. Er geht mit seinen Mitarbeitern sehr harsch um, bekommt Widerstände, die Zielerreichung läßt zu wünschen übrig. Er meint, daß dem Mitarbeiter durch Coaching vielleicht geholfen werden könnte.

Fall C
Eine Führungskraft meldet sich beim Coach und möchte eine Begleitung seiner Führungsarbeit. Er hat sich mit seinem Personalentwickler abgestimmt, der dafür ist. Mit seinem Chef hat er nicht gesprochen, der hält nichts davon. Dieser erwartet vielmehr, daß er in seiner Arbteilung hart durchgreift, vielleicht die Leute auf Schulung oder Seminare schickt. Im Unternehmen herrscht so etwas wie Reparatur-Mentalität. Die Mitarbeiter zeigen kein Engagement, keine Motivation, die Ergebnisse sind die schlechtesten aller Verkaufsabteilungen. Er weiß nicht, was er tun soll und erwartet vom Coach Hilfe und Tips.

Fall D
Ein Mitarbeiter wendet sich an den Coach, der ihm von einem Bekannten empfoh-

len wurde. Dieser meinte, daß der Coach ihm helfen könnte, sein Privatleben in Ordnung zu bringen und das wäre notwendig, da seine berufliche Leistung sehr darunter leidet. Die Arbeitsergebnisse führten dazu, daß sein Chef mit ihm schon ein intensives Gespräch geführt hat. Er bräuchte dringend Druck, um mit seinen Problemen fertig zu werden. Viel komme sicherlich aus seiner Familienvergangenheit, wie er meinte.

Wenn wie im Fall A ein Coaching auf hohe Akzeptanz stößt, weil es eine Selbstverständlichkeit ist, bei Problemen jemand anderen zu Rate zu ziehen, ist der erste Schritt schon getan. Die direkte Coachinganfrage benötigt auch keine Abklärung auf einer dritten Seite.

Anders ist dies im Fall B: Hier steht im Vordergrund, wie weit der Mitarbeiter aus freiwilligen Stücken bereit ist, den Coachingprozeß zu beginnen. Nur um dem Vorgesetzten zu gefallen und dann „sein" Ziel zu erreichen, führt zu „Anpassungs-Coaching". Dies wird in weiterer Folge keine wirkliche Veränderung und Lösung bewirken. Der Chef scheint für ein Coaching offen zu sein, es ist nicht von vornherein Druck auf den Mitarbeiter ersichtlich.

Im Fall C ist der Vorsatz der Führungskraft sich unterstützen zu lassen, als positiv zu betrachten, auch die motivationale Unterstützung durch den Personalentwickler ist positiv. Zu beachten ist jedoch die Art des Kunden, sich einzufügen und abhängig sein zu wollen („Tips und Hilfe"). Erfolgreiches Coaching verlangt Eigeninitiative und Selbstverantwortlichkeit. Trotzdem ist die Frage akut, ob Coaching wirklich etwas hilft, da der Vorgesetzte und auch die Kultur, in der der Vorgesetzte und die zu coachende Führungskraft leben, wenig lern- und veränderungsfördernd sind. Druck von oben und subtiler Widerstand von unten bis zur inneren Kündigung benötigen wahrscheinlich besondere Aufmerksamkeit, in Form von mehr Teamarbeit oder einer Klausur, um die Probleme zu verdeutlichen, vielleicht auch gemeinsame Seminare zur Kommunikationskultur.

Ganz anders liegt die Sache bei Fall D: Hier steht das persönliche Thema im Vordergrund, das sich aber im Berufsleben auswirkt. Im Nebensatz wird sozusagen ein therapeutisches Arbeitsthema angeboten. In diesem Fall ist Vorsicht geboten. Hier ist die Rolle des Psychotherapeuten bzw. des Lebens- und Sozialberaters gefragt. Vielleicht kann später oder zeitversetzt im Coaching daran gearbeitet werden, bspw. wenn verschiedene persönliche Punkte herausgeschält, Veränderungsvorhaben entwickelt wurden und es darum geht, wie das auf die Berufssphäre umgesetzt bzw. überprüft werden kann.

Für das Angehen und den Erfolg von Coaching ist es gut, auf

- die Motivation des zu Coachenden
- die Beziehung zum Coach
- die Klarheit und Transparenz der Vereinbarungen
- die Kultur des Unternehmens/des Bereichs
- die Persönlichkeitsmuster des zu Coachenden

zu achten.

5.1 Motivation des Coaching-Kunden

Der eigene Wunsch, einen Coach aufzusuchen und etwas verändern zu wollen, ist eine hervorragende Ausgangsbasis. Fehlt der innere Antrieb, dann kann durch Coaching bestenfalls ein oberflächliches Resultat durch „Anpassungs-Coaching" erreicht werden. Übernimmt der Kunde die Initiative, hat er ein „echtes" Problem bzw. eine Frage und auch Vorstellungen davon, was er mit Coaching erreichen will, dann kann die Energie im Coaching auf die Arbeit und Entwicklung gerichtet werden. Das ist auch der Fall, wenn die Anregung zwar von außen kommt, aber nach kurzer Klärung der Problemlage die eigene Motivation zu wirken beginnt. Wenn eine Empfehlung für das Coaching von Kollegen oder vom Vorgesetzten kommt, innerlich Druck erlebt wird und der Betreffende mit einer „Problempakkung zur Verbesserung" geschickt wird, dann besteht die Gefahr der Anpassung und sich übermäßig auf Wünsche anderer auszurichten. In der Umsetzung kann dieser innere Druck zu subtiler Rebellion (ja ich weiß, aber es geht nicht ...) oder Erfolgslosigkeit (ich hab mich ja bemüht ...) führen.

Manchmal kommt der Wunsch nach Ratschlägen, insbesondere aufgrund der Erfahrungen des Coach auf, die der zu Coachende für sich in gleicher Weise umsetzen möchte. Das funktioniert nur in Zufallssituationen, in den meisten Fällen sind Eigenadaptionen nötig. Im Alltag gehört der eigene Wille, der innere Antrieb zur Verbesserung oder Veränderung dazu. Auch bei Schwierigkeiten auf dem Weg, Auflösen von Wunschvorstellungen oder längerer Dauer bis zur Verwirklichung, ist die innere Motivation eine entscheidende Triebfeder.

An Hindernissen oder Querschüssen kann man festmachen, ob wirkliche Motivation zum Coachingprozeß vorhanden ist. Auch bei scheinbar klaren Zielen des Coaching-Kunden kann es zu Veränderungen bei der Zielsetzung während des

Coachingprozesses kommen. Oft sind die ersten Ziele nur äußere, offizielle Vorhaben. Was wirklich an Wünschen und eigentlichen Zielen dahinterliegt, wird im Coachingprozeß oft erst später deutlich.

5.2 Beziehung zum Coach

Einem erfolgreichen Coachingprozeß steht wenig im Wege, wenn der Coach in der Einstiegsphase vorhandene Vorurteile, Befürchtungen, (unrealistische) Erwartungen aufarbeiten kann und wenn er Einseitigkeit in der Beziehung gemeinsam mit dem zu Coachenden klären kann. Glückt dies nicht, dann kann der Coach wie auch der zu Coachende frühzeitig stoppen bzw. abbrechen. Dies ist auch Schutz vor einer späteren Abwertung nach dem Motto „das Coaching hat ja doch nichts gebracht".

Die Tragfähigkeit der Beziehung ist eine wichtige Voraussetzung für erfolgreiches Coaching. Je offener die Kommunikation, je mehr wechselseitige Akzeptanz – sowohl was die Rolle als die Person betrifft – umso besseres Vertrauen ist vorhanden. Die Beziehung entsteht in den ersten Kontakten, auch in den inneren Bildern voneinander. Später wird sie zur Selbstverständlichkeit, wenn beide auf Thema und Prozeß schauen. Offenheit, Vertrauen und Akzeptanz bedingen einander. Sie sind wie Drillinge. Der eine kann ohne den anderen nicht sein. Wo Offenheit beim anderen erlebt wird, wächst Vertrauen. Wechselseitiges Verständnis führt zu Wertschätzung und Akzeptanz. Bemerkt der Coach, daß die Kommunikation mühsam ist, kann er dies in passender Form ansprechen. Beispielsweise „ich höre, daß sie jetzt zum vierten Male …" oder „ich merke, daß ich mich mühe im Gespräch und mehrmals keine Antwort auf meine Fragen bekommen habe …" u. ä. m.

5.2.1 Das Beziehungsfeld interner wie externer Coach

In der Praxis wird der Zusammenhang des Coach mit dem zu Coachenden (Coachee) in weiteren, über die Coaching-Beziehung hinausführenden Beziehungen unterschätzt. Im Alltag spielen diese oft im Hintergrund befindlichen Beziehungsstrukturen eine wichtige bis entscheidende Rolle. Aus der eigenen Erfahrung im Coaching sowie der Arbeit in der Organisations- und Personalentwicklung zeigt sich, daß verschiedentlich „Doppel- oder Mehrfach-Rollen" bis zur Unvereinbarkeit mit der Coaching-Arbeit führen. Probleme bei der Umsetzung bzw. der Akzeptanz sind immer wieder darauf zurückzuführen.

Interne Coaches und ihre Beziehungsstrukturen

Interne Coaches wie Personalentwickler, interne Trainer oder Berater können vier typische Situationen vorfinden:

Typ I 1 (Abb. 4a):
Der Coach und der zu Coachende sind auf gleicher Hierarchiestufe. Der allgemeine „Auftraggeber" ist die Firmenleitung. Die Beziehung ist unabhängig von direkten Abteilungs- oder Ziel-Einflüssen.

Typ I 2 (Abb. 4b):
Der zu Coachende ist hierarchisch eine oder auch mehrere Stufen unter dem Coach angesiedelt. Der Auftraggeber, sein Chef, sitzt entweder hierarchisch über dem Coach oder auf gleicher Hierarchieebene. Der Coach bekommt den Auftrag, den Mitarbeiter X zu coachen

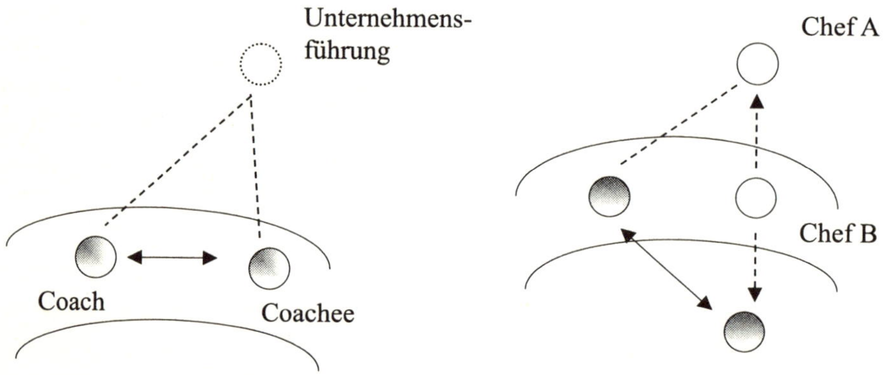

Abb. 4a + 4b: Interne Beziehungsstrukturen (Querbogen=Hierarchielinie)

Typ I 3 (Abb. 5a):
Der Coach soll einen Kunden coachen, der hierarchisch über ihm steht und der es selbst so will.

Typ I 4 (Abb. 5b):
Sondersituation: Chef coacht den ihm unterstellten Mitarbeiter. Ausgangssituation sind Probleme des Mitarbeiters und der Chef bietet sich ihm als Unterstützer an.

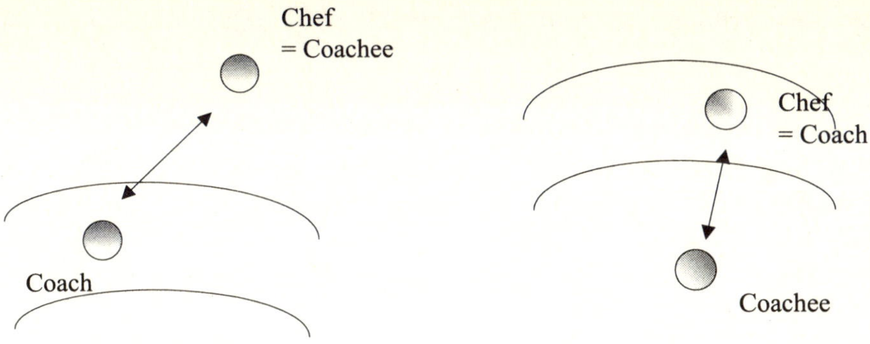

Abb. 5a + 5b: Interne Beziehungsstrukturen (Querbogen=Hierarchielinie)

Zu beachten ist bei allen Fällen, wie weit die Über- bzw. Unterstellung Abhängigkeit erzeugt, auch wenn diese äußerlich nicht zugegeben wird oder scheinbar nicht wirkt. Ein weiterer Punkt sind die organisatorischen Verflechtungen oder Einflüsse der Arbeitssituation, auch wenn sie nur indirekter Natur sind. Nicht zuletzt bedeutet auch die „Vergangenheit" von Beziehungen, bspw. durch frühere Zusammenarbeit in einer Abteilung, früherer Über- und Unterstellung des Paares Coach und Coaching-Kunde o. ä., eine Beeinflussung des Coaching. Nur wer sich von all diesen Einflüssen innerlich wie äußerlich freihalten kann, wird eine gute Basis für eine reife und wirkungsvolle Coaching-Beziehung eingehen können.

Der Sonderfall eines Vorgesetzten, der seinen Mitarbeiter coacht, ist besonders unter dem Gesichtspunkt zu sehen, daß der Vorgesetzte vielleicht den Wunsch hat, durch Coaching beim Mitarbeiter ganz bestimmte Verhaltensweisen, Leistungen usw. indirekt „durchzusetzen". Die subtile Art, Schwächen des Mitarbeiters zu sehen und diese durch „Unterstützung" zu verbessern, sind ethisch fragwürdige bis manipulative Muster. Diese geben scheinbar dem Mitarbeiter anfänglich kaum Chancen, unbefangen auf diese „Hilfeleistung" einzugehen. Es könnten gravierendere Probleme wie Arbeitsplatzverlust o. ä. folgen. Fraglich ist auch, ob der Vorgesetzte die nötige Distanz zum Mitarbeiter aufbringt und ob er ausreichende psychosoziale Fähigkeiten gelernt und eingeübt hat, um mehr als nur miteinander reden zu können.

Externe Coaches und ihre Beziehungsstrukturen

Werfen wir einen weiteren Blick auf die Beziehungen zwischen externen, also betriebsfremden Coaches und ihren Coaching-Kunden. Auch hier möchten wir auf vier Typen, die wir häufig in der Praxis vorgefunden haben, näher eingehen:

Typ E1 (Abb. 6a):
Ein Coaching-Kunde hat von einem Coach gehört, der als Trainer (Berater u. ä.) freiberuflich arbeitet und möchte mit ihm ein Coaching vereinbaren und durchführen.

Typ E 2 (Abb. 6b):
In einem Projekt (bspw. Teamentwicklung) hat der Chef den Trainer und Berater konkret erlebt. Die Art gefällt ihm, und er merkt, daß einige Aspekte seiner Führungstätigkeit verbesserungswürdig sind. Er möchte neben der Teamentwicklung mit dem Externen ein Coaching vereinbaren.

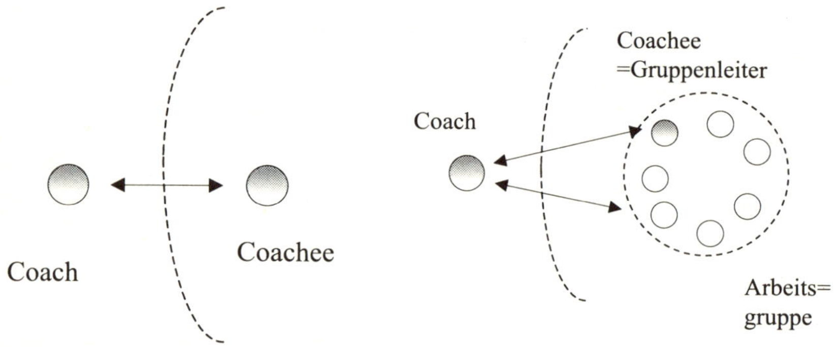

Abb. 6a + 6b: Externe Beziehungsstrukturen (senkrechte strichlierte Linie = Systemgrenze)

Typ E 3 (Abb. 7a):
Ein Coaching-Kunde ruft einen Coach an, den er von früher her kennt. Beide sind im Tennisclub seit vielen Jahren, hatten auch vor Jahren Funktionen in einem gemeinsamen Vorstand inne.

Typ E 4 (Abb. 7b):
Ein Auftraggeber, zumeist Geschäftsleitung, sucht sich einen Coach für einen Mitarbeiter, der aus seiner Sicht gut zu dem Problem und zur Problembearbeitung des Coaching-Kunden paßt. Dem Coaching-Kunden wird höflich nahegelegt, daß er einiges in Zukunft ändern müßte. Man habe für ihn die Möglichkeit des Coaching erwogen. Er könne sich frei entscheiden.

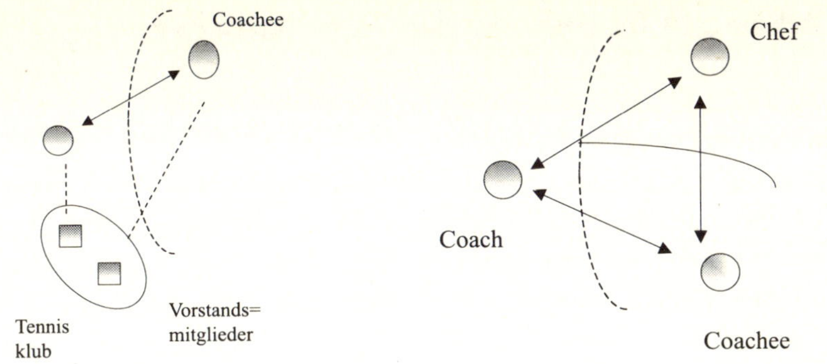

Abb. 7a + 7b: Externe Beziehungsstruktur (senkrechte strichlierte Linie = Systemgrenze)

In all diesen Fällen zeigt sich wiederum, daß die Partnerschaft auf Zeit mit einer korrekten, gleichwertigen und empathisch-distanzierten Beziehung ein wichtiges Kriterium ist. Im ersten Fall wird dies am leichtesten zu realisieren sein, während dies im letzten Fall – mit der scheinbaren Freiwilligkeit – am schwierigsten sein wird. Hier besteht die große Gefahr eines „Abhängigkeits-Coaching", das der Mitarbeiter „gerne" annimmt, um sich so zu verändern, wie die anderen es wollen.

Im Fall der Teamentwicklung ist besonderes Augenmerk auf die Parallelität der Beziehungen des Coaches zu legen, die einerseits zum Team besteht und andererseits zum zu Coachenden als Chef dieser Einheit. Welche Unklarheiten und Intransparenzen entstehen? Wie weit könnte einseitig Einfluß auf die Entwicklung von außen (Coach) ausgeübt werden, gleich ob der Coach es gar nicht will oder bestimmte Vorstellungen durchsetzen will. Ein Widerstand der Mitarbeiter in der Teamentwicklung könnte kommen, wenn sie erfahren oder vermeinen, daß ein Coaching des Chefs – zu ihrer Beeinflussung oder zur Stärkung des Chefs „gegen sie" – stattfindet.

Im dritten Beispiel sollten positiv wie negativ die (unter)bewußten Vergangenheiten der beiden Partner im Coachingprozeß berücksichtigt werden. Es könnte zur Wahl des Coach kommen, weil „man ihn so gut kennt". Das führt zu positiver Abhängigkeit, d. h. daß der Coach nicht so viel Distanz hat oder bekommt, wie er zu Konfrontation, sachlicher Akzeptanz usw. braucht. Der zu Coachende kann auch so manches „auf die leichte Schulter nehmen", was der Coach ihm sagt, denn „ja, ja, ich weiß'ja eh, aber Du kennst mich doch, daß es seine Zeit braucht ...".

5.3 Klarheit und Transparenz der Vereinbarungen

In einer direkten Coaching-Beziehung ist es sinnvoll, die wichtigsten Punkte wie Ausgangssituation, Zielsetzung, Verantwortung, auch Zeitdauer, Zeitpunkte usw. festzulegen. In manchen Fällen klingt es vielleicht übertrieben, dies auch schriftlich zu tun. Unserer Erfahrung nach kann dies vielen später entstehenden Schwierigkeiten und Mißverständnissen – keineswegs bewußt provozierten – vorbeugen. Umso bedeutender wird dies, wenn mehr als zwei Personen am Coaching „beteiligt“ sind wie bspw. ein Chef und sein Mitarbeiter oder ein zu Coachender mit seinem Personalentwickler und dem Coach. Hier ist auf allen Seiten das Ziel und die Bedingungen zu klären und sie auf der nicht direkt involvierten dritten Seite transparent zu halten. Was den Coach betrifft, wird er auf einige ethische Aspekte und organisatorische Rahmenbedingungen achten müssen.

Auf den transaktionsanalytischen Hintergrund aufbauend arbeiten wir gerne mit dem Dreiecks-Vertrag (F. English). Dieser sieht vor, daß jede der beteiligten Seiten an dieser Arbeit jeweils zwei „Verträge“ hat, die nicht beliebig von einem auf den anderen Vertrag übertragbar sind. Beispielsweise stellen die ausgehandelten Punkte mit der Firmenleitung, dem Personalentwickler oder anderen Personen die eine Vereinbarungsseite dar, die andere ist über den direkten Kontakt die mit dem konkreten Coaching-Kunden ausgehandelte Vereinbarung für den Coaching-Ablauf, die Ziele, Inhalte usw.

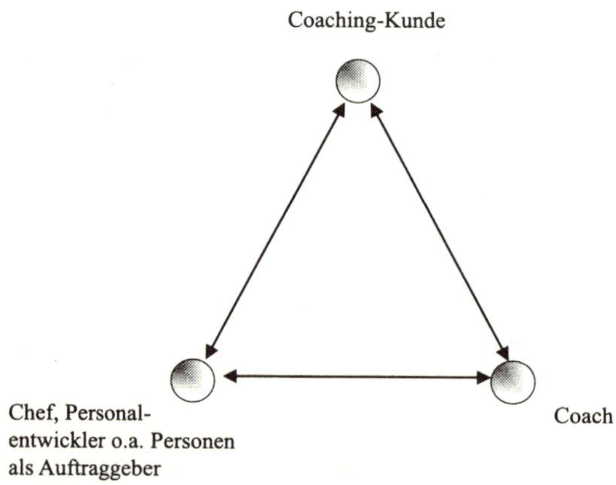

Abb. 8: Dreiecks-Vertrag

5.4 Kultur des Unternehmens bzw. des Bereiches

Die Haltung im Unternehmen, sprich Unternehmenskultur, beeinflußt ebenfalls Coaching und Coaching-Erfolg. Wird Coaching z. B. einseitig als Hilfe für persönliche Schwächen gesehen, kann dies erfolgversprechende Lösungen verhindern. Oder wenn, dann könnte der Coaching-Kunde nachher nicht ernst genommen werden, da er ja selbst nicht in der Lage ist, seine Situation zu managen. Es macht einen Unterschied, welche Funktion und Rolle der Betreffende im Unternehmen einnimmt und welches Ansehen er genießt.

Günstig für Coaching ist eine Kultur, die die Leistung an der Kundenzufriedenheit mißt, die Team- und Zusammenarbeit hoch bewertet und die Entwicklung als wichtig sieht und wo es sich lohnt, in Mitarbeiter zu investieren. Ungünstige Aspekte für ein Coaching sind dagegen auftragsbezogene Leistungsmessung, hohe Bewertung der persönlichen Leistungen und Messung an kurzfristigen Erfolgen und Zahlen, die belohnt werden.

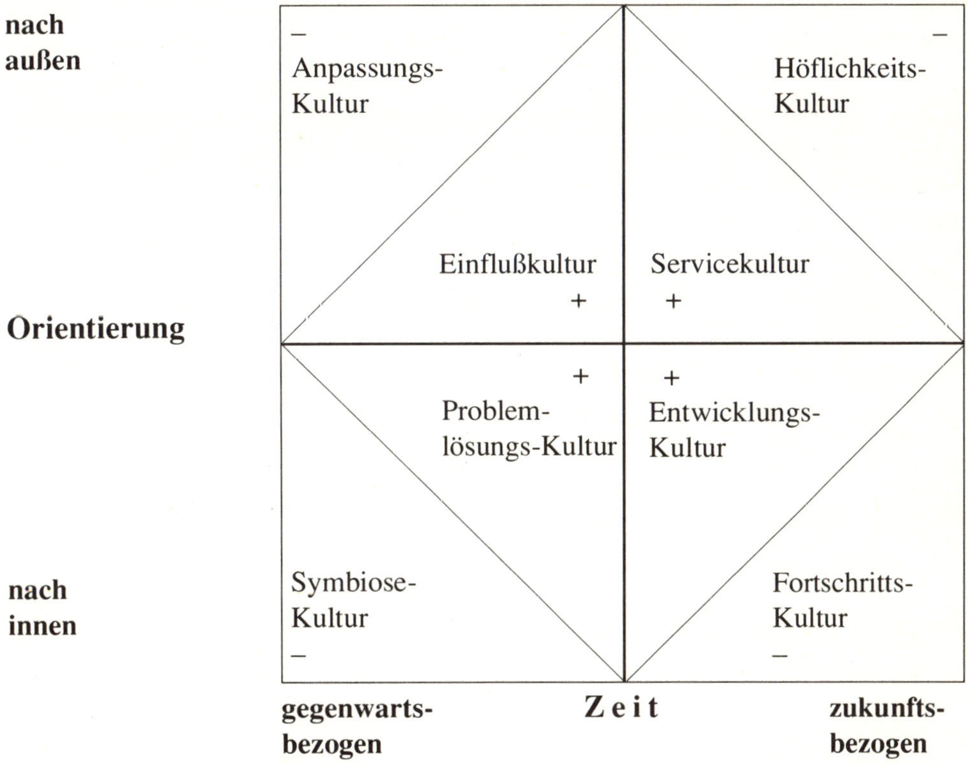

Abb. 9: Kultur-Dimensionen

Im folgenden wollen wir vier Kulturaspekte der Einstellung gegenüber dem Coachingprozeß unterscheiden. Bei einer „Einfluß- (+) vs. Anpassungs-Kultur“ (–) oder „Service- (+) vs. Höflichkeits-Kultur“ (–) steht die Außenorientierung im Vordergrund. Anpassungs- und Höflichkeitskultur zeigen destruktive, Einfluß- und Service-Kultur konstruktive Inhalte für die Beziehungs-Entwicklung. Beispielsweise das im Coachingsprozeß Erfahrene und Gelernte wird entweder aus Kundengründen akzeptiert oder aus innerer Akzeptanz des Inhalts. Eine „Problemlösungs- (+) vs. Symbiose-Kultur“ (–) richtet sich hauptsächlich in der Gegenwart auf die Innenseite der Organisation, während sich die „Entwicklungs- (+) vs. Fortschritts-Kultur“ (–) vordergründig mit der Zukunftsperspektive beschäftigt.

5.5 Persönlichkeitsmuster des zu Coachenden

Hier wird die Erfahrung, die psychosoziale Fachkenntnis, aber auch die Intuition des Coach in der Situation, gefordert. Was zeigt der Kunde in den ersten Minuten an nonverbalen bzw. verbalen Verhaltensmustern? Welche „Arbeitshypothesen“ dazu kann sich der Coach bilden, um für sich zu sagen: Ist ein Coaching unter diesen persönlichen Haltungen machbar oder nicht? Was sind mögliche Hintergrundmuster, die sich zeigen und welche Auswirkungen haben diese im Coachingprozeß? Erlebe ich den zu Coachenden als wirklich lern- und veränderungsbereit oder redet er sich das selbst nur ein? Was hat er in den letzten Jahren an Veränderungen durchgeführt? Welche innere persönliche Ausgangslage gibt es? Sind festgefahrene Normen ein Thema oder tiefverwurzelte Ängste, Destruktivität, auch gegen sich selbst? Ist beim Coaching-Kunden ein ruhiges Wesen sichtbar, das weiß, was es will, aber einen kongenialen Partner braucht? Ist Lernen für den Coaching-Kunden etwas Leichtfüßiges oder schwere Kavallerie?

Das ist ein Ausschnitt jener Fragen, die sich ein Coach stellen sollte, bevor er in ein Coaching geht. In vielen Erstgesprächen zeigen sich grundlegende Muster von Personen. Ich halte es hier mit Eric Berne, der einmal gesagt haben soll: Im ersten Satz zeigt sich das Lebensdrehbuch der Person. Mit den ersten 10 Sekunden bekommt man eine Menge an Verhaltensinformationen geliefert. Vermessen wäre es jedoch zu glauben, damit wäre bereits alles gelaufen. Jeder Coach ist gut beraten, seine Arbeitshypothesen regelmäßig zu überprüfen.

6. Der Coach – Kompetenzen und Einstellungen

6.1 Kompetenzfelder

Ein wesentliches Merkmal ist der Dialog zwischen dem Kunden und dem Coach.

Methodisch gilt dafür alles, was über das „helfende Gespräch“ und die Kunst des Dialogs entwickelt wurde. Schriftliche Fragen und Checklisten sind kein Ersatz für das Gespräch. Im Dialog ist z. B. möglich:

- Ein lebendiger Austausch von Gedanken und Erfahrungen aus dem neue Fragen oder kreative Ideen hervorgehen können
- Überprüfen von Vermutungen, Vorschlägen u. ä. von verschiedenen Seiten aus
- Innere Widersprüche aufzeigen
- Feedback geben oder konfrontieren
- Erweiterung des Horizonts.

Für einen Coach gibt es vier Bereiche, in denen er Fähigkeiten und Fertigkeiten aufweisen sollte (siehe den Beitrag „Wie wird Coaching von den Kunden gesehen?“). Aus den Erhebungen und eigenen Erfahrungen sowie Gesprächen mit Kunden wurde deutlich, daß einige Kompetenzfelder für den Coach von entscheidender Bedeutung sind. Klienten wollen teilweise vor dem Coaching darüber Klarheit. Wenn dies nicht möglich ist, so möchten sie zumindest zu Coaching-Beginn das Gefühl haben, daß diese Fertigkeiten vorhanden sind und eingebracht werden können.

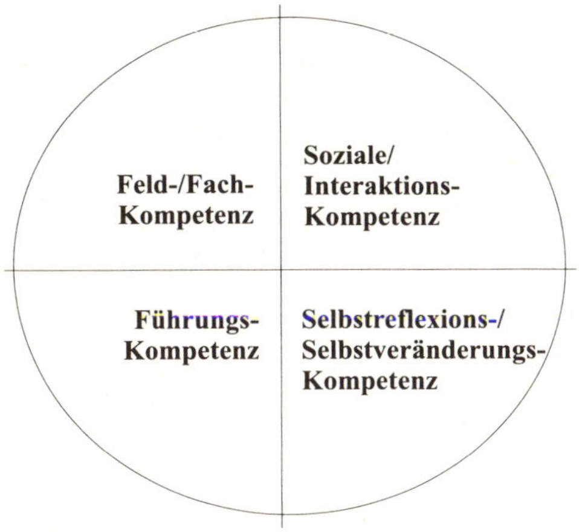

Abb. 10: Kompetenzfelder des Coach

6.2 Die Positionen des Coach zum Thema

Jeder Coach wird mit Themen konfrontiert, die er gemeinsam mit dem zu Coachenden bearbeiten soll. Diese können auch bei ihm unterschiedliche emotionelle und sachliche Reaktionen auslösen. Beispielsweise kann ein Thema den Coach an seine eigenen Probleme und Schwierigkeiten im Leben erinnern oder ihn aber unberührt lassen. Seine inneren Bilder können ihn daran hindern, das Thema bzw. die Problemstellung wirklich im Sinne des Kunden zu verstehen. Er hat mehr oder weniger „Distanz“ zum Thema.

Aus unserer Erfahrung lassen sich insgesamt fünf solche innere Positionen des Coach ableiten.

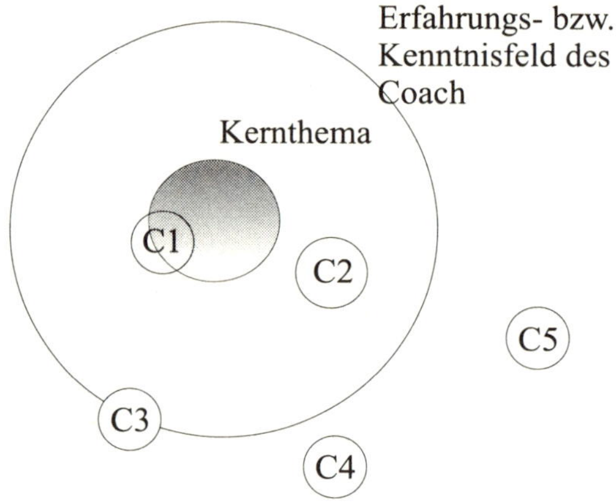

Abb. 11: Fünf Positionen des Coach zum Thema

Im Fall von C 1 trifft das Thema den Coach. Er selbst steckt z. B. in der gleichen Malaise wie der Kunde. „Am besten wäre es vielleicht die Erfahrungen des Kunden zu hören oder aus dem Gespräch wertvolle Hinweise für die eigene Problemlösung zu bekommen“, könnte ein Coach denken. Hat der Coach die Probleme, die der Kunde ins Coaching bringt, selbst in der Vergangenheit gehabt, hat sie jedoch zu seiner Zufriedenheit gelöst, dann ist der Coach vom Kunden-Thema sicherlich betroffen (C 2). Aus dieser Betroffenheit und den Erfahrungen, wie „man's lösen kann“, erwächst Kompetenz. Das ist also eine gute Voraussetzung für ein erfolgreiches Coaching.

Eine weitere Möglichkeit besteht darin, daß der zu Coachende ein Thema einbringt, das dem Coach bekannt ist – aus seinem Leben, seinem Beruf, seinen

Gesprächen und Erfahrungen – er jedoch von Anfang an mit dieser Situation gut umgehen konnte (C 3). Kennt er das Ansinnen des Coaching-Kunden aus Gesprächen, Beschreibungen von anderen, und sieht es als mögliches Problem, hatte jedoch keine Schwierigkeiten damit. Er weiß aus seiner professionellen Situation heraus, damit umzugehen (C 4). Letztlich könnte noch eine Situation eintreten, die für den Coach praktisch unverständlich ist. Eine Kunde liefert ihm eine Situation oder Schwierigkeit, die aus Sicht des Coaches „eigentlich gar kein Problem sein dürfte" (C 5).

Für die Coaching-Praxis scheiden zwei Einstellungen des Coach aus, die ein echtes Coaching unrealistisch machen. Sollte der Coach selbst vom Thema getroffen sein (C 1) oder ihn das Thema „nicht kratzen" (C 5), dann wird er kaum die Energie oder das Einfühlungsvermögen aufbringen, den Coaching-Klienten wirklichkeitsgerecht zu betreuen, zu unterstützen bzw. auch zu beraten.

Der Coach wird einerseits zu subjektiv sein, und es fehlt ihm daher die nötige emotionale Distanz zum Thema, oder es entsteht so etwas wie „Abhängigkeit" vom Problem ohne es zu merken. In der zweiten Situation ist die Distanz des Coach zum Thema zu groß. Er ist dann eher uninteressiert oder verständnislos dem Thema gegenüber. In allen anderen drei Möglichkeiten besteht eine hohe Chance, ein gutes Coaching – wenn alle anderen persönlichen, beziehungsmäßigen oder methodischen Belange funktionieren – durchzuführen.

7. Coaching im Vergleich mit anderen „beratenden Hilfeleistungen"

Was ist Coaching nun eigentlich seinem Wesen und seinen Aspekten nach? Coaching ist eine Form der Hilfeleistung für Lernen, Leben und Handeln von Menschen. Viel mehr als eine Definition bringt der Vergleich mit anderen Rollen und Formen der Hilfeleistung.

Coaching kann als eine dieser Rollen gesehen werden, die Antworten geben auf unterschiedliche Bedürfnisse, also auch unterschiedliche Ziele verfolgen. Folgende Abbildung charakterisiert die Position, den Stellenwert von Coaching im Kreise der möglichen Hilfeleistungen.

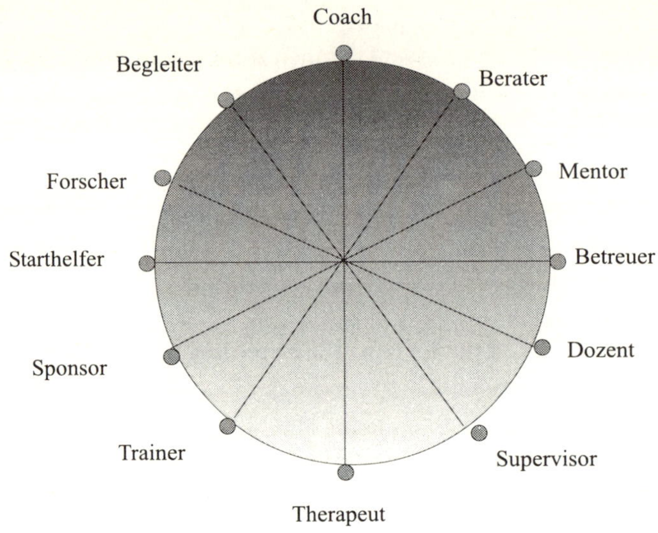

Abb. 12: Helferrollen (nach *Hans von Sassen*)

Um die entsprechenden Rollen zu unterscheiden bzw. den Kern ihrer Aufgaben zu erfassen, möchten wir eine kurze Charakteristik der genannten Rollen anführen:

BeraterIn
hilft inhaltlich bei der Suche nach Handlungsalternativen und Entscheidungen darüber, also bei Fragen über Leitbild, Ziele, Strategien, Strukturen, Prozesse, Methoden, Einrichtungen usw.

MentorIn
hilft jemanden, sich in eine Arbeitssituation bzw. Fachgebiet, insbesondere beim Hineinwachsen in neue Aufgaben/Funktionen, zurechtzufinden. Er spielt eine Art Pate und Förderer, beantwortet Fragen, gibt Informationen und Hinweise.

BetreuerIn
hilft für längere Zeit bei der Durchführung und Problembewältigung von Projekten, Lern- oder Arbeitsvorhaben. Er unterstützt, schützt und hilft Vorhaben durchzubringen.

DozentIn
vermittelt und unterstützt Bildung, entwickelt Fähigkeiten und ist Lehrer bzw. Studienleiter in Aus- und Weiterbildung.

SupervisorIn
leitet Erfahrungslernen im Rahmen von Berufs- und Weiterbildungen von Praktikanten und Mitarbeitern, sowohl sachlich-fachlich wie auch persönlich.[1]

TherapeutIn
gibt persönliche Lebenshilfe bzw. Seelenhilfe in schwierigen inneren und/oder äußeren Lebenssituationen und Engpässen. TherapeutIn ist hier also nicht im ärztlichen Sinne gemeint. Übrigens bedeutet Therapie ursprünglich nichts anderes als Dienst- bzw. Hilfeleistung.

TrainerIn
setzt Lernimpulse durch gezielte Referate, Spiele, Übungen usw.

SponsorIn
trägt Initiativen, Projekte, Aktionen und Entwicklungen mit und setzt sich schützend und unterstützend ein; auch das Ansehen verleiht dem Vorhaben Gewicht.

StarthelferIn
impulsiert Initiativen und Innovationen durch bspw. Einbringen von Ideen, ermutigt, bringt Vorhaben „über die Schwelle".

ForscherIn
hilft bei der Tatsachenermittlung, Bildgestaltung, Diagnose, insbesondere durch Fragen und Ordnen. Er hinterfragt und deutet.

BegleiterIn
moderiert Prozesse des (Unter)suchens, Bearbeitens, Entscheidens usw., beziehungsweise führt und begleitet die Umsetzung von Vorhaben; man kann auch von tätiger Beratung reden, wo er als Weg- und Methodenkundiger auftritt.

Coach
hilft beim Angehen von konkreten Aufgaben, Veränderungen, Problemen im Arbeits- und Berufsleben, in der sachliche, menschlich-soziale und konzeptive Aspekte verwoben sind.

---

1 Supervision hat eine ähnliche Begriffsinflation erlitten wie Coaching. Viele Arten der Begleitung, Therapie usw. werden heute entweder als Coaching oder Supervision gesucht oder angeboten.

Wirksame Hilfeleistung ist ganzheitlich

Für jede der „Rollen“ im Kreis sind bestimmte Vorgehensweisen und Interventionen besonders geeignet, schließen aber andere nicht aus. Im Erstgespräch sollte geklärt werden, ob das wesentliche Bedürfnis und Anliegen des Kunden Beratung oder Mentoring oder Coaching usw. ist. Ist dieses Bedürfnis Hilfe bei einer konkreten Aufgabe, Veränderung usw. in seiner Arbeitsorganisation, dann wird die Rolle des Hilfeleisters Coach und bleibt dies, so lange im Verlauf der gemeinsamen Arbeit nicht ein neuer Schwerpunkt vereinbart wird.

In dieser Rolle kann der Coach im Prinzip die Methoden und Interventionen der anderen Formen einbeziehen, wenn das im Prozeß hilfreich ist – vorausgesetzt er ist dazu genügend befähigt, eventuell befugt. Methodenvielfalt ist also auch ein Merkmal von ganzheitlichem Coaching. Dazu ein Beispiel:

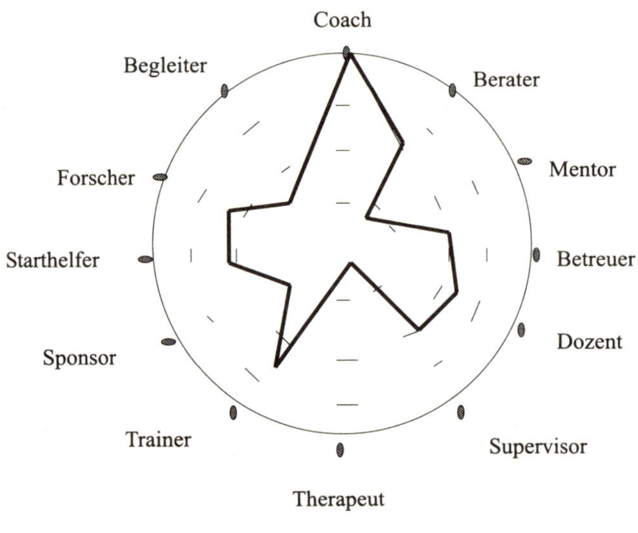

Abb. 13: Methodenvielfalt in einem Coachingprozeß
Legende: Äußerer Kreis = 50% Arbeitsanteil, Kreise nach innen jeweils 10% weniger

Beim Coaching eines Geschäftsführers war das Ziel eine gesamtbetrieblich effektive Führungsarbeit, Sicherheit zu gewinnen und soziale Kompetenz für die Führung von Führungskräften zu erarbeiten. Daraus ergaben sich anfänglich viele Fragen zur Ermittlung des Standes und ein Ideen-Antwort-Spiel beratender und begleitender Natur. Ein Gutteil der Coaching-Zeit nahm die Arbeit an praktischen Alltagssituationen, das Hinterfragen und auch das Erklären von Modellen, Konzepten und Möglichkeiten in Anspruch, teilweise wurden auch verschiedene Handlungsmöglichkeiten eingeübt. Oft wurden Beispiele, Probleme und deren praktische Lösung mittels eigener Ideen, also eher supervisorisch, bearbeitet. Nachfragen und erste fachliche Vorschläge zur Umsetzung wurden angeboten bzw. behandelt. Bei zwei internen Projekten wie Kennzahlenerstellung und neue Schulungen und Mitarbeitergespräche wurden Anlaufmöglichkeiten erörtert und auch beim nächsten Gespräch überprüft.

Wenn wir uns diese Rollen und Methoden ansehen, so sind die meisten dieser Bezeichnungen in unserem Sprachgebrauch geläufig, manche schon lange wie Berater, andere erst später eingeführt, allerdings oft in unklarer oder vermischter Bedeutung gebraucht, was zu Mißverständnissen Anlaß gibt.

Wie hängen die Formen der Hilfeleistung zusammen? Die Anordnung im Kreis ist nicht beliebig gewählt, sondern versucht zu zeigen, daß Formen der Hilfeleistung nicht einfach abgegrenzte, spezialisierte Tätigkeiten sind. Sie gehen kontinuierlich in angrenzende Formen über. Der Kreis bringt außerdem gemeinsame und polar ergänzende Merkmale ins Bild, und zwar wie folgt:

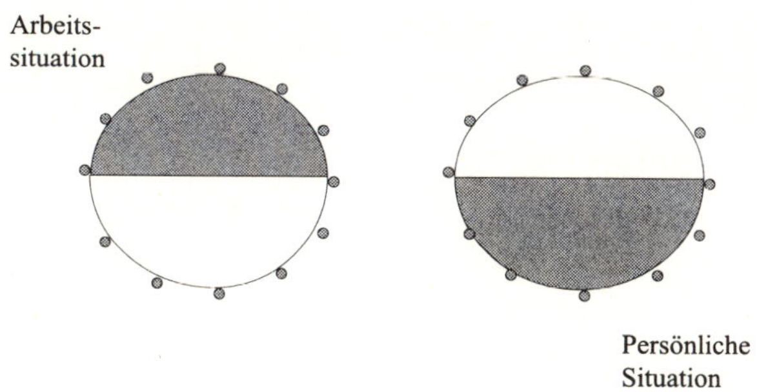

Abb. 14a:
Rollen bzw. Methoden
für konkrete Situationen

Abb. 14b:
Rollen bzw. Methoden
für persönliche Situationen

Die obere Hälfte zeigt Hilfeleistungen bei Aufgaben und Problemen in konkreten Situationen des Lebens, des Lernens und der Arbeit und wie diese anzugehen und zu bewältigen sind. In der unteren Hälfte sind jene Rollen und Methoden aufgeführt, die Unterstützung für die (Entwicklung) der Person für Aufgaben in möglichen zukünftigen Situationen bieten. Sie beschäftigen sich mit den Voraussetzungen, Grundlagen und Fähigkeiten dafür.

Die oberen Formen richten sich also primär auf den „handelnden" Menschen, die Formen der unteren Hälfte mehr auf den „sich entwickelnden" Menschen – anders gesagt: auf Leistung bzw. Leistungsfähigkeit. Am meisten trifft dies für Coaching bzw. Therapie zu. Bei den Übergangsformen, d. h. Betreuung und Starthilfe findet beides statt: Situations- und personenbezogene Hilfe.

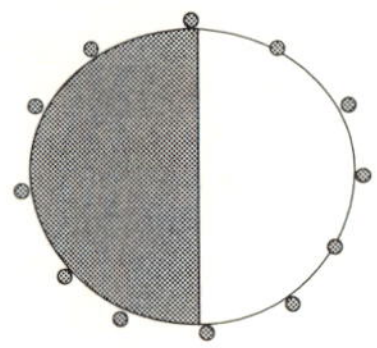

Abb. 15a: Prozeßhilfe

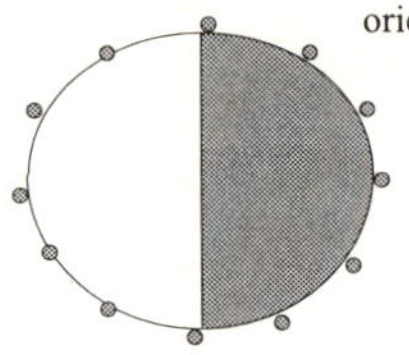

Abb. 15b: Inhaltsbezug

Die rechte Seite zeigt die inhaltliche Hilfe auf, die mittels Information, Sach- und Fachwissen, Können u.ä. m. geleistet wird. Die linke Seite bezieht sich auf Prozeßhilfe und methodische Unterstützung.

Die Interventionsformen der rechten Seite sind auf eine eher längerdauernde und aktive Rolle des Helfers angewiesen. Die der linken Seite sind eher kurzfristig und setzen voraus, daß der Kunde oder Klient im Prozeß mehr selbständig und initiativ ist. Ausgesprochen ist das der Fall bei der Betreuung und Starthilfe. Coaching und Therapie können sowohl kurz- wie langandauernd sein und erfordern beiderseits Aktivität und darum ein partnerschaftliches Rollenverständnis.

Die einzelnen einander gegenüberliegenden Rollen bilden eine sich ergänzende Polarität, die sich z. B. wie folgt beschreiben läßt (beide Geschlechter sind dabei gemeint).

- Der *Berater* hilft, seine zu Erkenntnis verdichtete Erfahrung für die konkrete Situation des Kunden fruchtbar zu machen.
- Der *Trainer* bringt den Kunden in konkrete (Lern-)Situationen, in denen dieser durch Erfahrung lernen kann.

- Der *Mentor* hilft seinem Kunden, sich in einer für ihn neu bestehenden Situation zu orientieren.

- Der *Sponsor* gibt Orientierung und Unterstützung für das Schaffen einer zukünftigen Situation.

- Der *Betreuer* steht dem Kunden bei einer umfänglichen Aufgabe mit seinem Wissen und Erfahrung zur Seite.
- Der *Starthelfer* ermöglicht dem Kunden, für sein Vorhaben die geeignete Startposition zu finden.

- Der *Dozent* vermittelt vorhandenes Wissen, das der Kunde in zukünftigen Situationen anwenden kann.
- Der *Forscher* ermöglicht Erfahrungswissen durch Untersuchen vorhandener Situationen.

- Der *Supervisor* hilft, das Wissen des Kunden mit den praktischen Erfahrungen zu verbinden und konkret werden zu lassen (von Theorie zur Praxis).
- Der *Begleiter* ermöglicht die konkrete Erfahrung des Kunden durch methodische Hilfe zu ordnen und zu konzeptualisieren (Von der Praxis zur Theorie).

- Der *Therapeut* hilft die Probleme des Kunden, die primär aus seiner Person hervorgehen, zu lösen.
- Der *Coach* hilft die Probleme des Kunden, die primär aus seiner Situation hervorgehen, zu lösen.

8. Zusammenfassung

Coaching ist vielerorts zu einem Modewort geworden. Es muß für vieles herhalten, das mit professionellem Coaching wenig gemein hat. Letzteres kann – und ist es oft – eine sehr effektive Hilfeleistung sein, sowohl für die Person als die Organisation. Die wichtigsten Voraussetzungen für eine gute Arbeitsqualität und Erfolg eines Coaching sind unserer Erfahrung nach die folgenden:

Seitens des Kunden (und seiner Organisation):

- **Vertrauen in den Menschen „Coach“ und in seine Fähigkeiten**
- **Lern- und Entwicklungsbereitschaft, sich selbst auch in Frage stellen können**

- **Bereitschaft zu aktivem Üben, Probieren, Anwenden statt warten, daß „es die anderen tun“**
- **Unterstützung bzw. mindestens kein Widerstand gegen Coaching und die daraus resultierenden Veränderungen durch Vorgesetzte bzw. Kollegen des Gecoachten.**

Seitens des Coach:

- **Persönliche Reife, Lebens- und Arbeitserfahrung**
- **Interesse für die unterschiedlichsten konkreten Lebens- und Arbeitssituationen von Kunden**
- **Entwickelte Coachingfähigkeiten (siehe Kompetenzfelder)**
- **Klare Vereinbarungen**
- **Zusammenhänge zwischen Coaching-Thema, dem Menschen und seinem Beziehungs- und Sachumfeld beachten und klären**

Und in der Beziehung:

- **Gegenseitige Akzeptanz, klares Verhältnis: keine Doppelrollen, Widersprüche oder Undurchsichtiges.**

Der Coachingprozeß

Die Phasen und ihre praktische Umsetzung

Werner Vogelauer

Ich nutze in meiner Coaching-Arbeit im umfassenden Sinne einen fünfphasigen Ablauf. Dieser ist nicht ident mit den Einzelgesprächen mit dem Coaching-Kunden. Jedes Gespräch selbst unterteilt sich sinnvollerweise in mehrere Abschnitte, die nicht rigide gehandhabt werden, jedoch eine überschaubare Struktur auch für den Coaching-Kunden ergeben. Die fünf Phasen ergaben sich aus den zentralen Themen des Coachingprozesses:

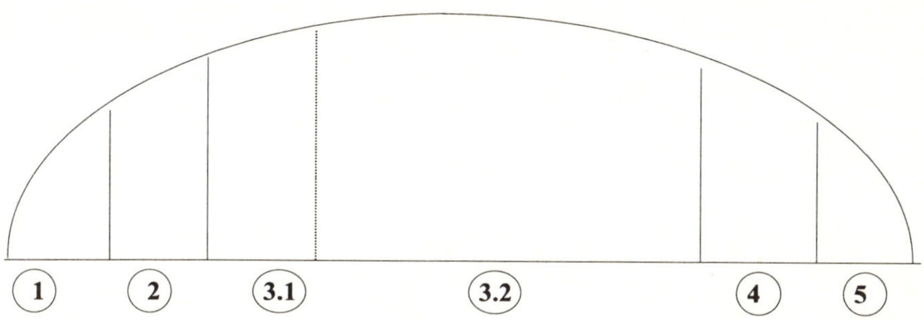

Abb. 1: Die fünf Phasen des Coaching

1. Einstiegs- und Kontakt-Phase

Der Coaching-Kunde kommt mit seinem Anliegen über einen Dritten an den Coach direkt auf den Coach zu bzw. wird vermittelt oder über ein Zusammentreffen der beiden ergibt sich zufällig das Thema, und es wird ein Einstiegsgespräch zum Coaching daraus.

Ein Beispiel:
Vor einiger Zeit rief mich eine Führungskraft an, er habe gehört, daß ich Coach bin und Coaching mache. Nun möchte er von mir wissen, ob das für ihn geeignet sei. Ich erzählte ihm kurz, was Coaching für mich ist und was man bspw. machen und erreichen könne. Wir verabredeten uns zu einem kurzen persönlichen Gespräch, um einander kennenzulernen, die Ausgangssituation und gewünschte Ergebnisse zu besprechen, vielleicht auch über Ablauf, Art und Zeit(dauer) des Coaching zu reden. Ich legte ihm auch jene Unterlage im allgemeinen Zustand vor, die ich nach Spezifizierung mit dem jeweiligen Coaching-Kunden als schriftliche Vereinbarung für beide Seiten verwende. Dabei besprachen wir die eine oder andere Unklarheit. Wir sprachen auch über zeitliche Möglichkeiten, Finanzen, Ort der Gespräche und wichtige Inhalte.

Dieses Gespräch dauerte etwa eine Stunde. Ich halte dies als wichtige beidseitige unverbindliche und freibleibende Möglichkeit, auch auszusteigen und das Coaching nicht zu beginnen. Meist biete ich noch etwa eine Woche Überlegungszeit nach dem Vertragserhalt an, um sicher zu gehen, daß der Coaching-Kunde von seinen Vorhaben auch wirklich überzeugt ist.

Die wichtigsten Aspekte für den Coaching-Kunden sind (siehe auch den Beitrag „Wie wird Coaching von den Kunden gesehen“):

- Vertrauen
- Gefühl der Kompetenz des Coach
- ein Problem, eine Frage, die selbst nicht lösbar erscheint
- Gefühl des Aufgehobenseins
- Akzeptanz der eigenen Person mit allen Schwierigkeiten bzw. Themen
- effektives Vorgehen
- Erfahrungen mit dem Coach (auch in anderen Zusammenhängen) bzw. Empfehlungen wichtiger nahestehender Personen

Für den Coach ist in dieser Phase wichtig:

- wechselseitige Sympathie und Akzeptanz
- Offenheit und Bereitschaft, sich auf eine Phase mehrerer Gespräche einzulassen
- das Thema ist nach erstem Ermessen für Coaching geeignet
- Kunden-Engagement für sein Thema (und nicht Abwälzen auf den Coach)

Zu einer optimalen Einstiegssituation ins Coaching gehören das Beschreiben der Situation durch den Coaching-Kunden und Aufnehmen der Anliegen durch den Coach, weiters zuhören, klären, hinterfragen und präzisieren. Orientieren, was Coaching in diesem Falle leisten kann und Hinweise auf voraussichtliche Zeitdauer, Art des Vorgehens, der Methoden usw., eventuell mögliche Treffpunkte, Honorar.

Das „4 P-Konzept" ist nach meiner Erfahrung gerade zu Beginn hilfreich, um als Coach auf Kernfaktoren zu achten, seine Interventionen danach zu setzen bzw. bei Aussagen des potentiellen Kunden diese Bereiche wie als inneren Radarschirm zur Verfügung zu haben.

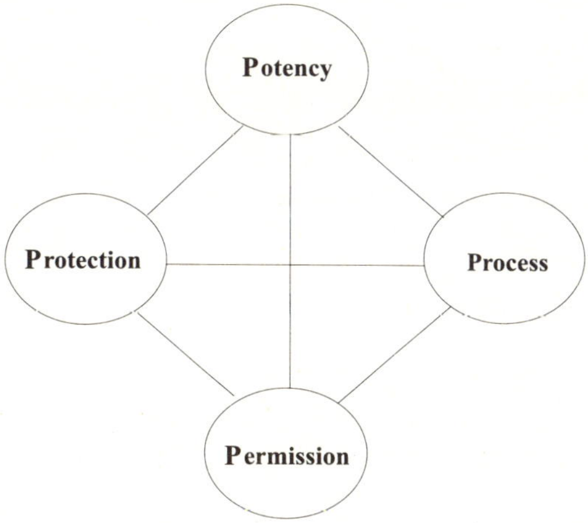

Abb. 2: Das 4 P-Konzept

„**Process**" steht dabei für Beachten des Ablaufs, „**Protection**" meint Schutz für den Kunden und Sicherheit für die Gespräche geben, „**Potency**" enthält die Fähigkeit und Fertigkeit des Coach, seine Kenntnisse und sein Know-how passend zum Wohle des Klienten und des Zieles einzusetzen und „**Permission**" meint, daß der Coachee Themen anspricht und nicht zurückhält und dem Coach Vertrauen entgegenbringt.

2. Vereinbarungs- und Kontrakt-Phase

Wenn der Klient nach dieser Orientierungsphase konkret ins Coaching einsteigen will, dann kann entweder in einem weiteren Gespräch oder gleich im Anschluß an die Kontaktphase die detaillierte Vereinbarung über das anstehende Coaching beginnen.

Das Beispiel von vorhin:
Schon am Ende des Gesprächs war klar, daß mein Gegenüber gerne sein Problem mit mir als Coach bearbeiten möchte. Ich notierte alle wichtigen Aspekte, formulierte daraus unsere Vereinbarung und schickte sie ihm. Die Rücksendung war dann die Bestätigung. Der erste Termin und die wahrscheinliche Zeitdauer wurden vereinbart.

In dieser Phase ist für den Kunden aus den vielen Gesprächen bzw. Rückmeldungen bedeutsam:

- klare Vereinbarungen und Anhaltspunkte sowie die Freiheit, eventuell frühzeitig abzuschließen
- sich mit seinen Problemsituationen bzw. Zielvorstellungen angenommen zu fühlen
- ein Bild des Vorgehens und der Zuständigkeiten zu haben

Aus der Sicht des Coach ist wichtig:

- Schriftlichkeit der Ausgangssituation bzw. der Zielvorstellungen
- eine Planung vornehmen können
- wissen, woran jeder bei der Ortsvereinbarung, bei Absage bzw. Verschiebung, bei Abrechnung und Bezahlung ist
- die Rahmenbedingungen des Coaching wie die Einflüsse bzw. Behinderungen kennen und Möglichkeiten sehen, die dem Coaching-Kunden unterstützen können
- Verständnis für die Problemsituation bzw. Ziel
- Realistische Einschätzung der eigenen Coach-Fähigkeiten zur Bearbeitung des Falles

3. Arbeits-Phase

3.1 Arbeit an Situationsanalyse und Diagnose

Beginnen wir wieder mit unserem Beispiel:

Im ersten ausführlichen Gespräch begannen wir nach einer kurzen Einstimmung an der Problemstellung – bspw. besseres Auftreten in großen Runden, verständliche Erklärungen – zu arbeiten. Zuerst mit Fragen, was sein Problem dabei sei und was ihn darin hindere, seine Aufgaben zu erfüllen. Ein paar kleine Tests, um Hintergründe auszuleuchten, wurden von mir benutzt. Und bereits beim ersten Gespräch versuchten wir ein paar Punkte herauszuarbeiten, die bei nächster Gelegenheit umgesetzt werden könnten. Erste Erfolgserlebnisse waren daher absehbar. Aus der Mehrzahl der Ideen und Möglichkeiten wählte der Coaching-Kunde ein paar für ihn gut zu verwirklichende aus. Damit schlossen wir das Diagnosegespräch.

Mit der Ausgangssituation beginnend, wird im Gespräch eine genauere Analyse der Situation gemeinsam durchgeführt. Die Diagnose ist ein immer wieder angewandtes Prozeßelement. Sie wird in diesem Gespräch nicht endgültig abgeschlossen. Später werden noch vertiefende Fragen hinzugefügt. Damit wird Schritt für Schritt ein Durchblick für den Kunden selbst möglich. Alle Ergebnisse sind Angebote und mögliche Sichtweisen, nicht die Wahrheit an sich! Erste Erkenntnisse, Handlungen o. ä. können erfolgen. In dieser Phase steht die Bildgestaltung und Erkenntnis im Mittelpunkt, das kann eine „breitere“ oder „tiefere“ Sichtweise zum Thema sein, es kann sich auch um eine Fokussierung eines noch diffusen Themas handeln.

Für den Kunden hat hier Bedeutung:

- Vertraulichkeit, besonders was persönliche und Firmendaten angeht
- Verständnis und Verstehen seitens des Coach
- Gewinnen von Klarheit bzw. neuen Perspektiven durch die Diagnose
- Orientierung bekommen, wo es langgehen kann
- Hilfe und „Schutz“ beim „Hinter die Fassaden“ Schauen bzw. blinde Flecken entdecken
- Unterstützung spüren bzw. sich einlassen können und Kompetenz erleben
- Nähe und Kontakt
- den roten Faden halten, dran bleiben an der Thematik (nicht stur, sondern im Bewußtsein halten, nichts anderes deswegen liegen lassen)

Wichtig für den Coach:

- Vielfalt und Flexibilität an Methoden und Vorgehensweisen zur Diagnose
- Interesse und Neugierde wecken beim Coaching-Kunden
- Offenheit des Klienten
- Interesse des Klienten, mehr über die Situation, über sich und die Zusammenhänge zu erfahren
- Verständnis für die Situation des zu Coachenden
- Gemeinsames Bild der zu bearbeitenden Situation in der Breite/Tiefe
- Linie halten (und sich nicht einschläfern oder ablenken lassen)
- Flexibilität einsetzen (wo es um wichtige Punkte oder neue Kernaspekte geht)

Aus unserer Erfahrung setzen wir hier folgende Methoden und Instrumente ein:

- Befragung: Von der offenen Frage über nondirektive Fragetechnik bis zur zirkulären Fragestellung
- Fragebogen verschiedenster Art (je nach Ziel und Thema)
- Bildbeschreibungen und „geistige Landkarten“ zeichnen
  psychosoziale Muster zu Situationsbeschreibungen wie Abwertung, Passivität, Antreiber, Psychospiele u. a. m.
- Soziogramm, gezeichnet wie gestellt
- Lernstil und -typ
- Situationsanalyse-Konzept (als erster Teil des Problemlösungsprozesses)

3.2 Arbeit an Problemlösung und Entwurfsgestaltung

Diese Phase ist in allen Coachingprozessen zumeist die zeitlich längste. Sie unterteilt sich in mehrere Gespräche, je nach Problem- und Zielsituation. Die Etappen eines einzelnen Coachinggesprächs können wie folgt beschrieben werden:

Abb. 3: Die Etappen eines einzelnen Coachinggesprächs

Unser Beispiel von vorhin:

Nach der Begrüßung stellte ich die Frage, wie es ihm mit den ersten Erfahrungen bzw. Anwendungen ergangen sei. Er berichtete erfreut über erste erfolgreiche Schritte jemanden zu sagen, daß es so nicht mehr weitergehen könne, was er zuvor lange unterdrückte. Ihn überraschte die positive Reaktion des Gegenüber etwas. Es kamen auch Dinge zur Sprache, die nicht umgesetzt wurden, und wir arbeiteten die Gründe heraus bzw. wie damit weiter umgegangen werden könne.

„Was läuft derzeit?" war eine Einstiegsfrage, um Aktuelles zu erfassen, das den Coaching-Kunden derzeit beschäftigte. Er begann einige Punkte aufzuzählen. Es war diesmal kein wesentliches Thema erkennbar, daß es wert gewesen wäre, näher darauf einzugehen bzw. welches unser Coaching-Thema direkt berührte.

Dann stiegen wir in die vereinbarten Punkte für diesmal ein. Schon während der Bearbeitung stellte ich die Frage, was in welcher Form bzw. ab wann oder bis wann geschehen könne. Wir sammelten so im Laufe des Gesprächs die wichtigsten Punkte zur Anwendung.

Im abschließenden Teil lud ich den Coaching-Kunden ein, einerseits zusammenzufassen, was er diesmal mitnahm und in welcher Form er sich die Umsetzung in seinen Arbeitsalltag vorstellen könne. Wir ließen dann unser diesmaliges Gespräch Revue passieren, um zu schauen, was für ihn wichtig bzw. weniger wichtig war, wo er positive Anker und Energien gefunden bzw. wo er Probleme hatte. Weiters orientierten wir uns auf das nächste Mal mit Termin und Ort, aber auch an möglichen Kernpunkten im kontinuierlichen Prozeß.

A Anknüpfen

Umsetzungsergebnisse, Erfahrungen mit „Hausaufgaben" oder negative Erlebnisse zu den Vorhaben vom letzten Mal.

Aus unserer Sicht häufig verwendete Fragen:

- Was haben Sie erfolgreich umgesetzt?

- Welche positiven Erfahrungen sind damit verbunden? Wie geht es mit dem Vorhaben vom letzten Mal weiter?

- Wenn nicht erfolgreich, was waren die Hauptwiderstände bzw. -gründe des Nicht-Umsetzens? Wie geht es damit weiter? Welche anderen Maßnahmen, Verhaltensweisen sind notwendig, um erfolgreich zu sein?

- Wen haben Sie als Verbündeten zur Unterstützung im Alltag bzw. wer kann sie besonders durch welches Verhalten bzw. welche Art behindern? usw.

B Aktuelles

Aktuelle Ereignisse, die ins Thema hineinspielen oder die sonstwie den Coaching-Kunden beschäftigen. Oft genügt hier eine Einstiegsfrage wie „Was beschäftigt sie derzeit besonders?“ oder „Welche neuen Gesichtspunkte, Einflüsse, Probleme oder Vorteile sind zu unserem Thema neu aufgetaucht?“

Dieser Teil scheint mir wesentlich, da Energien für die Coachingarbeit blockiert sein können. Manchmal gibt es ad-hoc-Situationen, die den Kunden massiv beschäftigen, stören, ärgern und die mit dem Coaching nichts zu tun haben. Auch sehr erfreuliche Dinge können dies sein. Das bewußte Umgehen, Einbeziehen der momentanen Gestimmtheit hilft Energien sichtbar und gestaltbar machen.

C Ziel-, Problembearbeitung

Neues „altes“ Thema, das vereinbart wurde bzw. aktuell vom Kunden im Rahmen seines Vorhabens angesprochen bzw. vom Coach aus der seinerzeit vereinbarten Themenpalette neu angeboten und vom Kunden ausgewählt wird.

Hier setzen zumeist alle diagnostischen Formen wieder ein, soweit sie nicht von vorherigen Gesprächen mit Material gefüllt sind. Wir verwenden in dieser Gesprächsepisode zusammenhängende Fragenkonzepte bzw. Landkarten:

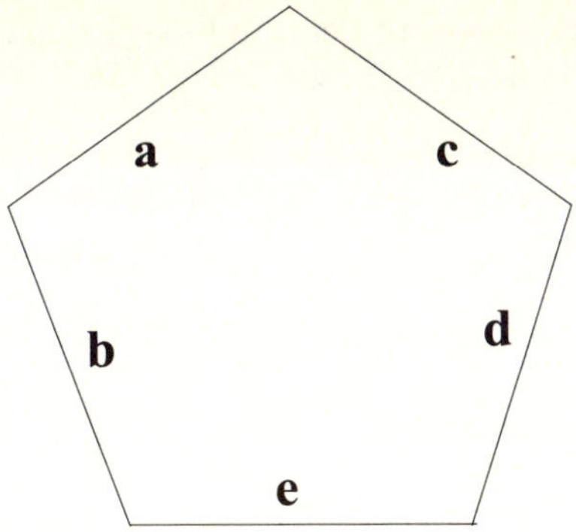

Abb. 4: Pentagon der Fragendimensionen

a) Ausgangssituation
Wo stehen Sie heute zum Thema? Was gehört alles zur Situation aus Ihrer Sicht? Wer ist aller beteiligt? Welche Zusammenhänge gibt es? Beschreiben Sie in wenigen Sätzen Ihre Ausgangssituation.

b) Problembeschreibung
Was ist Ihr Problem? Was stört Sie persönlich? Was möchten Sie gerne ändern und warum? Sammeln wir gemeinsam, was Ihnen alles zu Ursachen und Hintergründen einfällt und warum das Problem ein Problem ist.

c) Zielorientierung
Wohin soll es führen, wenn es gelöst ist? Wie schaut die Situation aus, wenn Sie in Zukunft gelöst ist? Was ist dann anders? Wenn wir mit verschiedenen Verfahren bspw. drei wichtige Alternativen für die Zielerreichung herausgearbeitet haben, wie kommen wir zu einer klaren Entscheidung und Handlung?

d) Hindernisse
Was steht Ihnen im Wege, um zum genannten Ziel zu kommen? Was war an den bisherigen Versuchen die nicht überwundene Hürde? Was ist besonders schwer, was ein besonders leichtes Hindernis? Und wenn wir die Ideen anschauen: Welche Widerstände könnten gegen die Umsetzung sprechen? Was müßten Sie tun, damit die Widerstände kleiner werden oder gar verschwinden?

e) Bisherige Versuche
Was haben Sie dazu schon unternommen? Mit welchen Erfolgen bzw. Mißerfolgen?

Ein weiteres Modell, das ich häufig auch in Coachings einsetze, sind die folgenden im Uhrzeigersinn gestellten Fragen:

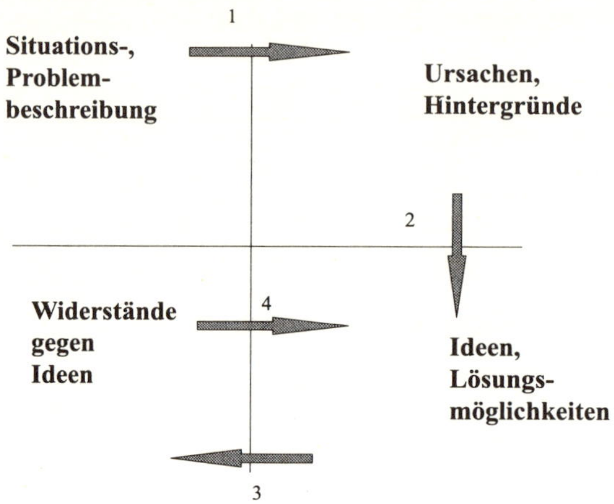

Abb. 5: Arbeitsmodell Problem – Ursache – Idee – Widerstand

Weiters können auch Konzepte, Modelle eingeflochten und bearbeitet werden, seien es innerhalb des Menschen befindliche (intrapsychische), zwischen den Menschen befindliche (interpsychische) oder strukturelle Themen.

Dabei verwende ich gerne folgenden Orientierungsraster, einerseits um die Problembeschreibung gemeinsam zuordnen zu können, andererseits um dadurch die richtige Interventionsebene zu treffen:

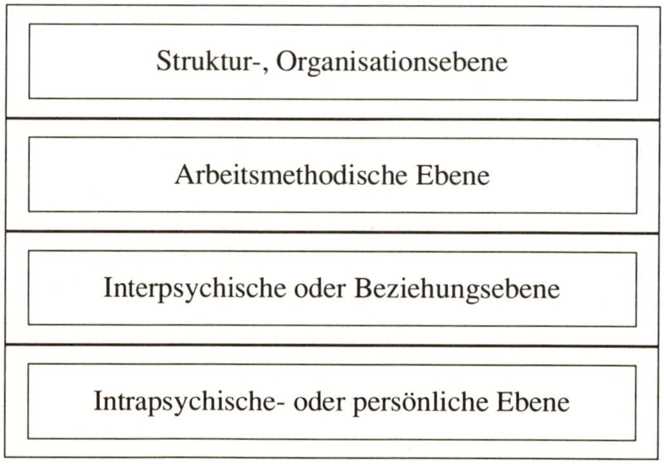

Abb. 6: Interventionsebenen

In dieser Arbeitsphase können inhaltliche Schwerpunkte für den zu Coachenden gesetzt werden (nach *Hans von Sassen*):

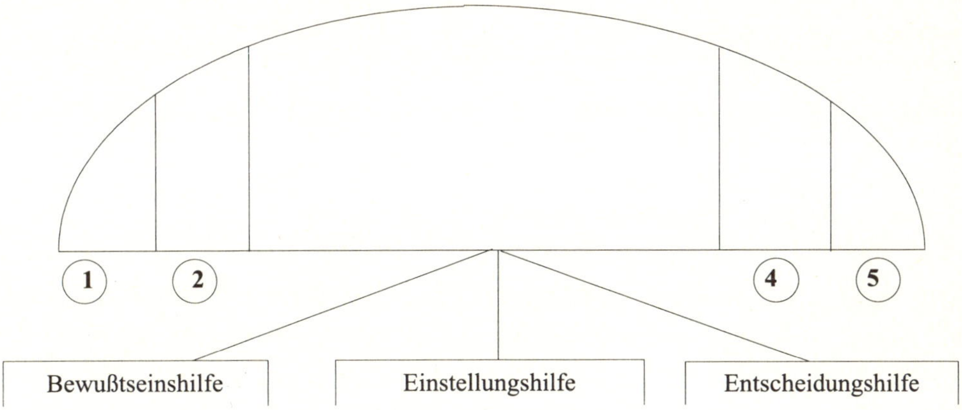

Abb. 7: Schwerpunkte in der Arbeitsphase

Bewußtseinshilfe

Manchmal sind die Fragen bzw. Probleme des Kunden darauf gerichtet, in der Situation innerlich wie äußerlich bewußter zu werden. Hier können Bildgestaltung sowie Ein- bzw. Übersichten ausreichend sein, um weitere Schritte zu besprechen und Ergebnisse zu erzielen.

Einstellungshilfe

In manchen Coachingprozessen stellt sich der zu Coachende die Frage, wie er sich zur besprochenen Situation überhaupt stellen soll oder wie er Vertrauen und Sicherheit bzw. Unterstützung für Vorhaben gewinnt, aber auch wie er Zweifel, Unmut, Angst usw. abbaut. In derartigen Berufssituationen, wo typischerweise die Person mit ihren inneren Zuständen in ihre Berufsrolle hineinspielt, braucht es mehr intrapsychische Überlegungen zur Coaching-Arbeit.

Entscheidungshilfe

In vielen Managementfällen im Coaching geht es um die Klarheit von Entscheidungen, worauf bei Entscheidungen zu schauen ist, ob „alles „ wirklich berücksichtigt wurde, ob man mit der Entscheidung „richtig“ liegt usw. (ein eigener Beitrag von *Hans von Sassen* beschäftigt sich mit Coaching als Problemlösungs- und Entscheidungshilfe).

D Vorhaben, Transfer

Handlungsaufgaben, Ergebnisse aus diesem Gespräch, die umgesetzt werden können.

Nach der mittleren Gesprächsepisode C, wo in Abwechslung diagnostische Elemente mit Ideen und Alternativen behandelt werden, kommt es nun zu einer Präzisierung und Zusammenfassung der im Laufe des Gesprächs erarbeiteten Maßnahmen (verhaltensmäßig, beziehungsmäßig, arbeitsmethodisch oder strukturell).

Der Kunde wird ermutigt, diese Vorhaben konkret zu formulieren, dieses sich eventuell bildlich vorzustellen. Es wird mit ihm vereinbart, über Erfahrungen und Erfolge dazu, beim nächsten Meeting zu reden (siehe Ankoppelungspunkt A).

E Rückblick und Ausblick

Die Abrundung, mit Vorwärtsorientierung, aber auch Blick in das Geschehene in den abgelaufenen Gesprächen:

Emotional und sachlich positiv wirkt, wenn zum Abschluß des Coachinggesprächs Rückschau gehalten wird:

- „Was war besonders wichtig?“ oder
- „Was war hilfreich?“ oder
- „Was Neues/anderes wurde entdeckt?“ u. ä. m.

Es könnte in der Zusammenfassung vielleicht noch auftauchen, daß ein wichtiger Punkt fallen gelassen, beiseite gestellt wurde oder jetzt nicht mehr wichtig ist. Das auszusprechen und Schritte für „Nicht-Vergessen“ zu vereinbaren, kann nicht nur sinnvoll, sondern in Anbetracht von Vertraulichkeit, Klarheit, roten Faden und Linie halten bedeutend sein.

Weiters kann ein vorweggenommener Blick auf das nächste Coachinggespräch Schwerpunkte verdeutlichen. Vielleicht macht es Sinn, Beobachtungen durch den Kunden zu machen, oder es sind Unterlagen mitzubringen, um daran arbeiten zu können. Diese Tätigkeiten sollten nicht verschoben werden oder unnötige Wartezeit sollte nicht in Kauf genommen werden. Es kann auch eine präzisere Zielsetzung aus der bisherigen Arbeit entstehen oder sogar eine Veränderung des Zieles sich ergeben. Alles das hilft beiden – Coaching-Kunde wie Coach – sich in Ruhe auf das nächste Mal einzustellen.

Das ruhige Gespräch, sich Zeit nehmen füreinander und das bewußte sich Auseinandersetzen mit Themen schafft speziell beim Kunden eine Streßreduktion mehr Ideen und Konzentration. Dadurch ist ein höherer Erfolg für die Problembearbeitung sicher als unter Streß- und Ablenkungs-Bedingungen.

Das kann auch heißen, daß als Ort des Coaching möglicherweise nicht das Büro des Kunden der geeignete Ort ist. Besser sind schon ruhige, angenehme Besprechungsräume, vielleicht das Büro des Coach oder sogar ganz ausgefallene „Orte" wie Spaziergänge oder Wanderungen. Manchmal kann es sehr wirksam sein, sich Lösungen zu „ergehen".

4. Abschluß-Phase, Feedback und Ausblicke

Ist der Coachingprozeß erfolgreich in die Zielgerade eingebogen, und sind die Ziele erreicht, Probleme bearbeitet bzw. Lösungen geschafft, dann ist es zweckmäßig für beide Partner im Coachingprozeß zurückzublicken und damit Abschied zu nehmen, aber auch nach vorne zu blicken und die neuen Fähigkeiten, Fertigkeiten und Muster zu festigen und zu verstärken.

Wichtig für den Coaching-Kunden:

- Umgesetztes mit Erfolg erleben
- Unterstützt worden sein
- Emotionale Begleitung, nicht alleine gelassen worden zu sein
- Gutes Gefühl der Verbesserung, Veränderung
- Etwas gelernt zu haben
- Aktive/anregende Gesprächs-Atmosphäre
- Gefordert worden zu sein

Wichtig für den Coach:

- Offen rückblicken zu können
- Gutes Gefühl der wirkungsvollen Arbeit
- Ernten dürfen/können
- Partnerschaftliche und direkte Gesprächs-Atmosphäre

Dazu können Fragen gehören wie:

- Welche Dinge schließen Sie ab? Welche Dinge lassen Sie offen?
- Welche eingegangenen Verbindlichkeiten haben wir in unserem Prozeß gelöst?
- Wie sind wir miteinander umgegangen? Was haben Sie daraus gelernt bzw. erfahren?
- Was haben Sie profitiert? Was war schwierig für Sie?
- Was werden Sie weiter tun, was weglassen in Zukunft?

Ein schöner Abschluß kann auch ein vereinbartes Ritual sein wie bspw. ein gemeinsames Essen oder ein gemeinsamer Spaziergang oder wieder am ersten vertrauten Ort sich zu treffen. Das Ende soll dem Coachingprozeß angemessen sein, nicht pompös, aber auch nicht wegwerfend oder gar nicht. Eine Beziehung, die doch im Laufe von Stunden, Wochen, Monaten gewachsen ist und viel an persönlichen Dingen gebracht hat, sollte ernst genommen und verabschiedet werden. Dabei kann man schon am Anfang der Coaching-Beziehung denken und am besten ein eigenes Abschlußgespräch, das 4 bis 6 Wochen nach dem letzten Arbeits-Gespräch liegt, noch anberaumen.

Dabei kann nochmals das letzte Umgesetzte behandelt werden und auch wichtige Schritte der Selbstverantwortlichkeit und Eigenaktivität des Coaching-Kunden besprochen werden.

5. Evaluations-Phase

In Anbetracht der Selbständigkeit des zu Coachenden und der nun abgeschlossenen Lern- und Veränderungsarbeit geht es an die Transferierung und Implementierung in das Arbeitsfeld. Wenn der Coaching-Kunde interessiert ist, kann auf telefonischer Basis oder bei einem ohnehin erfolgenden Treffen ein kurzes Gespräch über die Anwendung geführt werden. Eine gemeinsame Überprüfung der Erfolge, möglicher Schwierigkeiten usw. kann nochmals Impuls für die weitere selbständige Arbeit des Coachee sein. Diese Art des Kontaktes soll nicht gleich wieder zu Coaching oder einem „ad-hoc-Beratungsgespräch“ werden, sondern eine freiwillige Erfolgs-Überprüfung! Dieses mögliche Gespräch sollte erst in einem Mindestabstand von 3 Monaten stattfinden. Nach einer Zeit des Abstands ist ein weiteres Coaching nicht ausgeschlossen, jedoch sollten aus meiner Erfahrung mindestens 6, besser 12 Monate verstreichen.

Persönlichkeitsentwicklung im Coaching

Elfriede Biehal-Heimburger

In einer Zeit rasanter Veränderungen steht die Stärkung und Entwicklung der eigenen Persönlichkeit im Coaching im Vordergrund. Wer in dieser Zeit seinen innersten Kern nicht stabilisiert, keine Ich-Stärke entwickelt, steht in der Gefahr aufgerieben, verunsichert, krank zu werden. Ich-Stärke ist allerdings nicht zu verwechseln mit Starrheit oder gar Rücksichtslosigkeit anderen gegenüber. Ich-Stärke setzt voraus, scheinbar widersprüchliche Fähigkeiten in Einklang zu bringen:

- einerseits beweglich sein im Denken und Handeln, andrerseits zuverlässig und standfest;
- einerseits schnell und sicher entscheiden können, andrerseits gelassen sein mit einem weiten Zeithorizont;
- einerseits sensibel auf andere eingehen und im Team arbeiten können, andrerseits über Spezialwissen verfügen und allein vertretbare Entscheidungen treffen können.

So schwer vereinbar, wie diese Anforderungen an heutige Führungskräfte zunächst klingen, sind sie allerdings nicht.

Wenn wir von einem ganzheitlichen Menschenbild, vom Zusammenwirken von Leib, Seele und Geist, ausgehen, finden wir Prinzipien und Fähigkeiten, die diese Ich-Stärke ermöglichen.

1. Die Tendenz zur guten Gestalt

Jeder Mensch besitzt grundsätzlich die Fähigkeit, sein eigenes Leben sinnvoll zu gestalten. In der Wahrnehmungspsychologie wurden von Gestaltpsychologen schon vor über 50 Jahren verschiedenste Gestaltgesetze gefunden. Das allen übergeordnete Gesetz ist die „Tendenz zur guten Gestalt".

Wir erleben kein Durcheinander verschiedener optischer, akustischer, geschmacklicher, geruchlicher oder taktiler Einzelempfindungen, sondern Ordnungen, Strukturen, Gestalten. Die Tendenz zur guten Gestalt ist der tief in uns verwurzelte Drang, Gestörtes in Ordnung zu bringen und bei Unentwickeltem Geburtshelfer zu sein. Der Mensch besitzt die Fähigkeit zur Selbstorganisation, die es ihm ermöglicht, ein inneres Gleichgewicht aus eigenen Kräften herzustellen. Allerdings können innere starre Strukturen für das Herstellen dieses Gleichgewichtes hinderlich sein. Im Coaching können solche starren Verknüpfungen zwischen bestimmten Vorstellungen mit bestimmten Verhaltensweisen starke Barrieren sein, welche die Fähigkeit zur Selbstregulation einschränken.

Eine Barriere kann z. B. darin bestehen, daß jemand seine Unsicherheit nicht akzeptieren will. Im Kontakt mit dem Coach kann er sich ermutigt fühlen, die Gefühle zuzulassen, die mit der Unsicherheit verbunden sind. Die bisher abgelehnten Gefühle akzeptieren und zulassen können, hilft, die innere Starrheit langsam zu lösen und innere Barrieren zu überwinden. Der Coach schafft Bedingungen, damit diese „Tendenz zur guten Gestalt" zum Tragen kommt und gibt Anstöße, die die Fähigkeit zur Selbstregulation erhöhen. Viktor Frankl weist darauf hin, wie existenziell die Sinnfrage für jeden Menschen ist. In der Tendenz zur guten Gestalt ist auch die individuell zu findende „gute Gestalt" des eigenen Lebens subsumiert.

Im Arbeitsleben ist die Motivation zu verantwortlicher Arbeit nur durch das Beantworten der Sinnfrage zu erreichen. Nur wer Sinn in seiner Tätigkeit erkennt, ist fähig, verantwortungsbewußt und selbstdenkend eine Aufgabe zu erfüllen. Dieser Sinn kann nicht von außen vorgegeben werden, er muß gefunden werden und kommt aus dem Inneren des Menschen.

Führungskräfte oder MitarbeiterInnen, die keinen Sinn in ihrer Arbeit sehen, suchen nach Ersatzbefriedigungen und vergeuden viel Energie durch gegenseitiges Frustrieren und Behindern. Ersatzbefriedigungen schaffen allerdings keine wirkliche Zufriedenheit, sondern nur eine Sucht nach mehr und neuen (Ersatz)Befriedigungen. Führungskräfte stehen in Gefahr, die Frage nach dem Sinn des eigenen Lebens mit viel Arbeit zu überdecken. Der „Workaholic", ein Mensch, der sich immer und überall mit Arbeit und Beschäftigungen eindeckt, flüchtet möglicherweise vor der inneren, angstbesetzten Leere, die entstehen kann, wenn er innehält. In den kritischen Lebensphasen (rund um 21, 42, 63 Jahren) tauchen diese Sinn- und Wertefragen besonders deutlich auf. Entwicklung ist möglich, wenn sich der Mensch diesen Fragen stellt und sie niemals endgültig, sondern immer wieder neu für sich selbst beantwortet.

Ein Beispiel aus einer Coachingsitzung:
Herr A, Personalentwickler einer sozialen Institution, ist unzufrieden in seiner Position. Er erlebt sich als zu wenig einflußreich in seiner Stabstelle. Eigentlich sollte er im Vorstand mitarbeiten und in einem Fusionsbeirat, der den Zusammenschluß von zwei Betrieben seiner Branche begleitet. Dies würde aber sehr viel Zeit in vielen Sitzungen beanspruchen. Mit zwei kleinen Kindern zuhause will er seine 70%ige Arbeitsverpflichtung nicht erhöhen. Nach dem Abwägen aller Für und Wider entscheidet er sich erleichtert für seine derzeitige Funktion. Aus einem diffusen „ich sollte, ich könnte" ist eine klare Entscheidung geworden. Er will in seinem Bereich ein Projekt starten, in dem neue Arbeitszeit- und Leistungsmodelle erprobt werden sollen, als Vorwärtsstrategie zur Vorgabe, Personal einzusparen. Er kann seine Qualitäten in einem ihm bekannten Bereich einsetzen, kennt seine MitstreiterInnen und kann durch Delegieren seine Arbeitsstunden einigermaßen unter Kontrolle halten zugunsten seiner Familie. Herrn A ist klar geworden, was für ihn in der jetzigen Situation Sinn macht, was für ihn eine „gute Gestalt" ist.

2. Wahrnehmen lernen

Die inneren Kräfte der Selbstregulation können nur wirksam werden, wenn ich mich selbst wie auch meine Umwelt möglichst unverzerrt wahrnehme. Die Wahrnehmung steht zwischen dem, was ich wahrnehme, und einem selbst, genauer dem eigenen wahrnehmenden Organismus. Die Gefahr für Mißverständnisse besteht darin, daß ich das Wahrgenommene gleichsetze mit der Wirklichkeit, also so tue, als ob ich objektiv wahrnehmen kann. Wahrnehmung ist aber immer subjektiv, d. h. abhängig vom wahrnehmenden Subjekt.

Gerade bei der Wahrnehmung können wir die Tendenz zur guten Gestalt leicht erkennen: So erscheinen uns wahrgenommene Gegenstände konstant, auch wenn sie uns unter veränderten Wahrnehmungsbedingungen begegnen. Dadurch bleibt der Eindruck von Konstanz und Kontinuität in unserem Erleben gewahrt. Ein anderes Beispiel sind die optischen Täuschungen: Die Müller-Lyer'sche Täuschung oder die Ebbinghaus'sche Kreistäuschung zeigen, wie Wahrnehmung von dem gesamten Bild beeinflußt wird.

Abb. 1: Müller-Lyer'sche Täuschung: Die Linie A und B sind gleich lang.

Abb. 2: Ebbinghaus'sche Kreistäuschung: Die Innenkreise sind gleich groß.

Quelle: *Klaus Antons*, (1974), 48

Wir tendieren dazu, das Wahrgenommene so zu verändern, so zu interpretieren, daß es für uns ein passendes, sinnvolles Ganzes ergibt. Diese Interpretation hängt stark mit unseren früheren Erfahrungen und unserer Tendenz, komplexe Dinge zu vereinfachen, ab. Unsere Wahrnehmung wird zudem von unseren Gefühlen und Gedanken beeinflußt. Begreifen wir diese nur unvollständig erwähnten Aspekte der Wahrnehmung, wird vielleicht deutlich, wie wichtig es ist, unserer Wahrnehmung gegenüber kritisch zu sein. Zum Beispiel kritisch zu hinterfragen, ob das, was der Kollege sagte, wirklich so gemeint war, wie es bei mir angekommen ist. Und nicht so zu tun, als ob das von mir (Heraus-)Gehörte das einzige und richtige Verständnis ist.

R. Cohn (1975, S. 125) erläutert ihre Hilfsregel „Halte dich mit Interpretationen zurück" so: "Bestenfalls schaden sie nicht. Wenn sie richtig und taktvoll sind (zeitadäquat), zementieren sie das, was der Interpretierte weiß; wenn sie richtig, jedoch nicht zeitadäquat sind, erregen sie Abwehr und verlangsamen den Prozeß." Kritisch realistisch der inneren und äußeren Wahrnehmung gegenüber zu treten, heißt noch lange nicht, an der wahrnehmbaren Wirklichkeit grundsätzlich zu zweifeln. Von Lewin ist der Satz überliefert „Wirklich ist, was wirkt". Er verweist darauf, von der (Aus-)Wirkung auszugehen, um der Wirklichkeit näher zu kommen.

Im Coaching wird mit gespannter Erwartung auf Entdeckungsreise gegangen. Der Coach hilft dem Klienten,

- genauer hinzusehen, z. B. auf seine Körperhaltung,
- hinzuhören, z. B. auf seine Stimme,
- sich hinzuwenden zu der ihn umgebenden und in ihm wirkenden Wirklichkeit.

Ein Beispiel aus dem Coaching:

Frau B nimmt während einer Sitzung einen Druck in ihrer Brust wahr. Dieses Druckgefühl ist ihr unangenehm, am liebsten würde sie gar nicht darauf aufmerksam werden. Auf Nachfragen beschreibt sie den Druck näher und gibt ihm eine Stimme. Aus dem daraus entstehenden Dialog zwischen Brust und Kopf wird Frau B deutlich, daß sie ihre Bedürfnisse nach mehr Luft, nach mehr Freiraum, nicht zuläßt. Sie nimmt wahr, womit sie sich einengt und wie sie ihre körperlichen Signale bisher „überhörte". Sie ist erstaunt darüber, daß sie sich erleichtert fühlt, nachdem sie ihre unangenehmen Gefühle wahrgenommen und nicht verdrängt hat.

Fragen, die mich mit dem Thema Wahrnehmung vertrauter machen:

1. Nach außen gewendet:
Was nehme ich jetzt im Moment wahr?
Was höre, rieche, schmecke, taste, sehe ich?
Welche Farben und Formen nehme ich wahr?
Welche Menschen nehme ich wahr?
Wie würde ich diese Menschen, möglichst ohne Interpretationen, beschreiben?

2. Nach innen gewendet:
Welche Gedanken gehen mir durch den Kopf?
Was für körperliche Empfindungen nehme ich jetzt im Moment wahr?
Was fühle ich jetzt?
Wie atme ich?

3. Die Perspektiven wechseln können

An den Kippbildern aus der Wahrnehmungspsychologie wird anschaulich, was es heißt, einen anderen Blickwinkel einnehmen können. Im Denken, Fühlen und Handeln ist es recht ähnlich. Werde ich fähig, eine vielleicht eingefahrene und verfahrene Situation unter einem neuen Blickwinkel zu sehen, kann ich ein neues Bild, eine neue Möglichkeit, eine neue Lösung erkennen.

Zum Beispiel kann dies bedeuten: Ich ver(sch)wende nicht Energie darauf, einen anderen Menschen ändern zu wollen oder ihn zu zwingen, das zu tun, was ich für richtig halte, sondern ich gehe einmal von einer Nicht-Veränderbarkeit des anderen aus. Was bedeutet das dann für mich? Welche Möglichkeiten,

Chancen oder neue Blickwinkel tun sich (vielleicht erst beim zweiten Mal hinschauen) auf?

Ein anderes Beispiel: Ich bin von Arbeitslosigkeit bedroht. Krampfhaft kann ich versuchen, an meinem Arbeitsplatz festzuhalten, immer mit der Angst im Nacken, plötzlich doch auf der Straße zu stehen. Perspektiven wechseln, kann heißen, einmal anzunehmen, daß das Loslassen meiner jetzigen Tätigkeit mir andere Möglichkeiten oder Notwendigkeiten bringt. In der Anfangsphase ist das nicht immer befreiend, sondern mit viel Angst und Unsicherheit verbunden. Aber nach einer Phase des Tiefs ist erlebbar, wie Möglichkeiten und Angebote wahrgenommen werden, die zuvor nicht gesehen und aufgegriffen worden wären. Eine Begleitung wie Coaching bietet für diese Situationen das Umfeld des Gestützt-Werdens, des gemeinsamen Hinschauens und des Entwickelns neuer Möglichkeiten in einer schwierigen, angstbesetzten Lebensphase.

Ein Beispiel:
Herr C spielt in einer Coachingsitzung im Rollenspiel ein Gespräch mit seinem Chef. Er nimmt dabei wechselnd die Rolle seines Chefs wie auch seine eigene Rolle ein. Die jeweiligen Positionen werden ergänzt durch das „Doppeln", d. h. indem die coachende Beraterin bestimmte Aussagen in den jeweiligen Rollen besonders prägnant oder provokant formuliert. Herrn C werden nicht nur neue Argumente, sondern auch die dahinterliegenden Gefühle klar. Er nimmt die verschiedenen Blickwinkel von Menschen aus seinem Umfeld ein und erarbeitet aus dieser erweiterten Perspektive sein neues zukünftiges Vorgehen.

Fragen, die einen Perspektivenwechsel erleichtern:

Was ist in meinem Leben fix und unveränderbar? Wieso?
Wie sehe ich mich und mein Leben, wenn ich mir vorstelle, aus den Wolken auf mich herunterzublicken?
Was ist meine Katastrophenerwartung? Was ist das Schlimmste, was mir geschehen könnte?
Was ist meine Heilserwartung? Was ist das Beste oder Schönste, was mir passieren könnte?

Wie würde ich mich aus dem Blickwinkel meiner besten Freundin, meines besten Freundes charakterisieren?
Wie würde ich mich aus dem Blickwinkel des Menschen charakterisieren, der mich am wenigsten versteht, mich am wenigsten gern hat oder der mein Feind ist?
Was könnte ich mal anders tun? Was könnte ich anderes tun?

4. Träume als Botschaften begreifen

Die zuvor beschriebene Wahrnehmungsschulung beschränkt sich nicht nur auf das Wachbewußtsein. Unsere Träume erinnern und als Botschaften erkennen lernen, ist eine weitere unerschöpfliche Quelle zu unseren schöpferischen Fähigkeiten. In begleiteten Gesprächen mit in Traumarbeit ausgebildeten Therapeuten können erinnerte Träume oder Traumfetzen zu einer erweiterten Wahrnehmung der eigenen Persönlichkeit führen. Dabei meine ich nicht ein vereinfachtes Deuten von Traumsymbolen, sondern eine psychologisch begleitete Arbeit mit Träumen.

Anteile seiner selbst in den Träumen erkennen und sich mit diesen auseinanderzusetzen, ist Teil der „Traumarbeit“. Eigene unbewußte Wünsche, Ängste und Vorstellungen werden über Identifikation und der Möglichkeit, sie nachzuerleben, klarer und bewußter. Die negativen oder un-angenehmen Traumbilder können nicht mehr so leicht überraschen oder unkontrolliert hervorbrechen. Mit ein wenig Übung können Träume als Botschaften, als intuitive Hinweise und Fingerzeige von einem selbst gelesen und genutzt werden. Diese Botschaften kommen aus dem Gefühls- und Erlebensbereich, der uns zunächst nicht direkt zugänglich ist.

Ein Beispiel:
Frau K träumte wie sie von einem Mann mit einem Messer verfolgt wird und sie zu entkommen sucht. Sie identifizert sich mit ihrem Verfolger und kommt zu Sätzen wie „Du wirst mir nicht entkommen.“ Dazu kommt ihr der Gedanke, daß sie sich selbst nicht entkommen kann, was ihre Entscheidung anbetrifft, wie und wo sie leben möchte. Sie neigte bisher dazu, ein „neues Leben“ in anderen Ländern zu beginnen, wenn sie das Gefühl hatte, zu ihrem gegenwärtigen Leben nicht mehr stehen zu können.

Fragen und Hinweise, die mich mit meinen Träumen vertrauter machen:

Woran denke ich, bevor ich einschlafe?
Denken Sie öfter einmal an etwas, worüber Sie träumen wollen.
Nehmen Sie sich vor, sich am nächsten Morgen an Ihren Traum zu erinnern.
Gibt es immerwiederkehrende Träume?
Sind dies ängstigende, erfreuliche oder neutrale Träume?
Stellen Sie sich jedes Detail dieser Träume bildlich vor.
Wenn Sie die Regie für Ihren Traum übernehmen, wie läuft er dann ab?

Identifizieren Sie sich mit einzelnen Teilen Ihres Traumes wie z. B. mit den auftauchenden Personen, Tieren oder Gegenständen. Welche Eigenschaften und Gefühle haben Sie als diese andere Gestalt?
Schreiben Sie Ihre Träume gleich nach dem Erwachen kurz auf, Sie könnten sie später schon vergessen haben.
Was will Ihnen Ihr Traum sagen, welche Botschaft hat er für Sie?

5. Schatten oder Doppelgänger erkennen

Jeder Mensch hat neben positiven Eigenschaften auch andere, negative Eigenschaften, die abgelehnt werden. Die abgelehnten Anteile der Persönlichkeit werden leicht an anderen Menschen entdeckt und dort meist vehement bekämpft. Eine Führungskraft steht in der Gefahr, auf MitarbeiterInnen abgelehnte Eigenschaften zu projizieren. Stark emotionsgeladene Konflikte deuten meist auf derartige Übertragungen hin.

Die eigenen Schattenseiten zu erkennen und sich mit diesen Schattenseiten auseinanderzusetzen, ist die Voraussetzung für eine weitere persönliche Entwicklung der Führungskraft. Vergegenwärtigen wir uns, daß jeder Mensch verschiedene Polaritäten in sich vereint. Jeder hat z. B. männliche und weibliche Anteile. Je nach Lebensphase, und individuellen Präferenzen sowie Anforderungen aus der Umwelt stehen die männlichen oder weiblichen Seiten von einem Mann oder einer Frau im Vordergrund.

Entwicklung bedeutet die verschiedenen, gegensätzlichen Seiten in sich zur Entfaltung zu bringen. Im Laufe der Selbstentwicklung kann der Mensch mit einer Gestalt konfrontiert werden, die er bisher in sich getragen hat. Diese Gestalt, auch „Doppelgänger" genannt, kann ein Abbild der eigenen Fehler und Schwächen sein und so bedrohlich werden, daß mit viel Energie eine „Begegnung" mit ihr vermieden wird.

Ein Beispiel aus dem Coaching:
Herr D zweifelt an seiner Arbeit. Er ist bald fünfzig und fragt sich, ob das, was er tut, das richtige für ihn ist bis zu seiner Pension oder ob er nicht noch etwas Neues, ganz anderes beginnen sollte. Besonders mit seiner Frau hat er große Schwierigkeiten. Sie ist seiner Meinung nach starr, ängstlich, humorlos und vor allem auf Sicherheit und Kontinuität bedacht. Alles Eigenschaften, die ihn hem-

men, seinen neuen Weg zu finden. Er strebt deshalb eine Trennung an, um – wie er sagt – endlich frei zu sein und sich weiterentwickeln zu können. Seiner Frau gegenüber verhält er sich ablehnend, reserviert, ungehalten oder aggressiv. Daran wird u. a. deutlich, wie sehr er seine eigenen „Schattenseiten" auf seine Frau projiziert. In Gestalt des anderen Menschen können die abgelehnten Anteile besser bekämpft werden. Im Coaching setzt sich Herr D mit diesen abgelehnten Seiten in sich auseinander und hört auf, seine Frau für die ihm fehlenden Perspektiven verantwortlich zu machen. Er beginnt langsam die Konfrontation mit seinem „Schatten" und ergänzt durch Traumarbeit findet er zu neuen Zukunftsvisionen.

Persönlichkeitsabspaltungen oder „Doppelgänger" -Themen können sich ankündigen in

- Konflikten mit anderen Menschen, die ungelöst geblieben und mit starken Emotionen verbunden sind;
- Menschen, die stark abgelehnt werden und bis zur Vernichtung bekämpft werden;
- einer Unzufriedenheit mit sich selbst, verbunden mit dem Versuch, Teile des eigenen Selbst zu bekämpfen oder in den Griff zu bekommen;
- der Tendenz, die Selbstwahrnehmung so zu verändern, daß sie mit der vorgestellten Ideal-Persönlichkeit übereinstimmt. Fremdwahrnehmungen werden nur noch verzerrt aufgenommen.

6. Lebensphasen be- und ergreifen

Jeder Mensch durchläuft auch im Erwachsenenalter verschiedene Lebensphasen. Das Studium vieler Biografien ermöglicht das Entdecken von bestimmten Rhythmen, wie z. B. den 7-Jahres-Rhythmus. Das Ende oder der Beginn einer derartigen Phase kann sich ankündigen durch das Gefühl, daß das, was früher wie von alleine ging, jetzt einer Entscheidung bedarf. Dieses Gefühl kann schlicht Unzufriedenheit mit sich und dem eigenen Leben sein, und muß nicht unbedingt einen konkreten Anlaß haben. Krisenphasen durchlebt jeder von uns.

Bei Frauen können z. B. die Kinder, die in einer bestimmten Lebensphase das

Haus verlassen, eine neue Lebensphase einleiten. Die wegfallende Verantwortung kann eine Leere hinterlassen oder einen Schub zu einer neuen Lebensphase mit neuen Aufgabenbereichen bewirken.

Bei Führungskräften kann es der Zeitpunkt sein, an dem sie alles Angestrebte erreicht haben und dennoch eine gewisse Unzufriedenheit spüren. Sie fragen sich: Will ich bis zu meiner Pension so weitermachen? Was habe ich alles versäumt in meinem Leben um meiner Karriere willen? Habe ich außerhalb meines Berufslebens Interessens- und Aufgabenfelder? Welche Menschen schätzen mich? Sich mit diesen oder anderen Fragen – wenn möglich mit Gesprächspartnern – zu beschäftigen, Antworten zu suchen und Entscheidungen reifen zu lassen, kann in einer Krisenphase sinnvoll sein. Davor flüchten durch schnelle Veränderungen in Beziehungen (Scheidungen) oder im Beruf (Unternehmenswechsel, „Aussteigen") kann eine kurzfristige Änderung jedoch oft keine Lösung für die anstehenden Lebensentscheidungen sein.

Das Wissen um verschiedene Phasen im menschlichen Leben ermöglicht ein bewußtes Auseinandersetzen mit dem, was man erreicht hat und noch erreichen oder erleben will.

Fragen, die sich mit der eigenen Entwicklung und den Lebensphasen beschäftigen:

Wann habe ich Entwicklung bei mir erlebt?
Was habe ich entwickelt oder was entwickelte sich?
Unter welchen Umständen oder in welchem Umfeld erlebe ich Entwicklung?
Was und wie will ich mich in Zukunft entwickeln?
Welche Phasen kann ich in meinem Leben entdecken?
Kann ich eine Überschrift für jede Phase finden?
Welche wesentlichen Entscheidungen habe ich in meinem Leben getroffen?
Welche sind getroffen worden? Wodurch, von wem?
Womit bin ich zufrieden in meinem Leben? Womit unzufrieden?
Was will ich noch erleben?
Wenn ich morgen sterben müßte, was würde ich noch tun wollen? Was nicht?
Was bereitet mir Freude?
Mit welchen Menschen will ich zusammen sein?

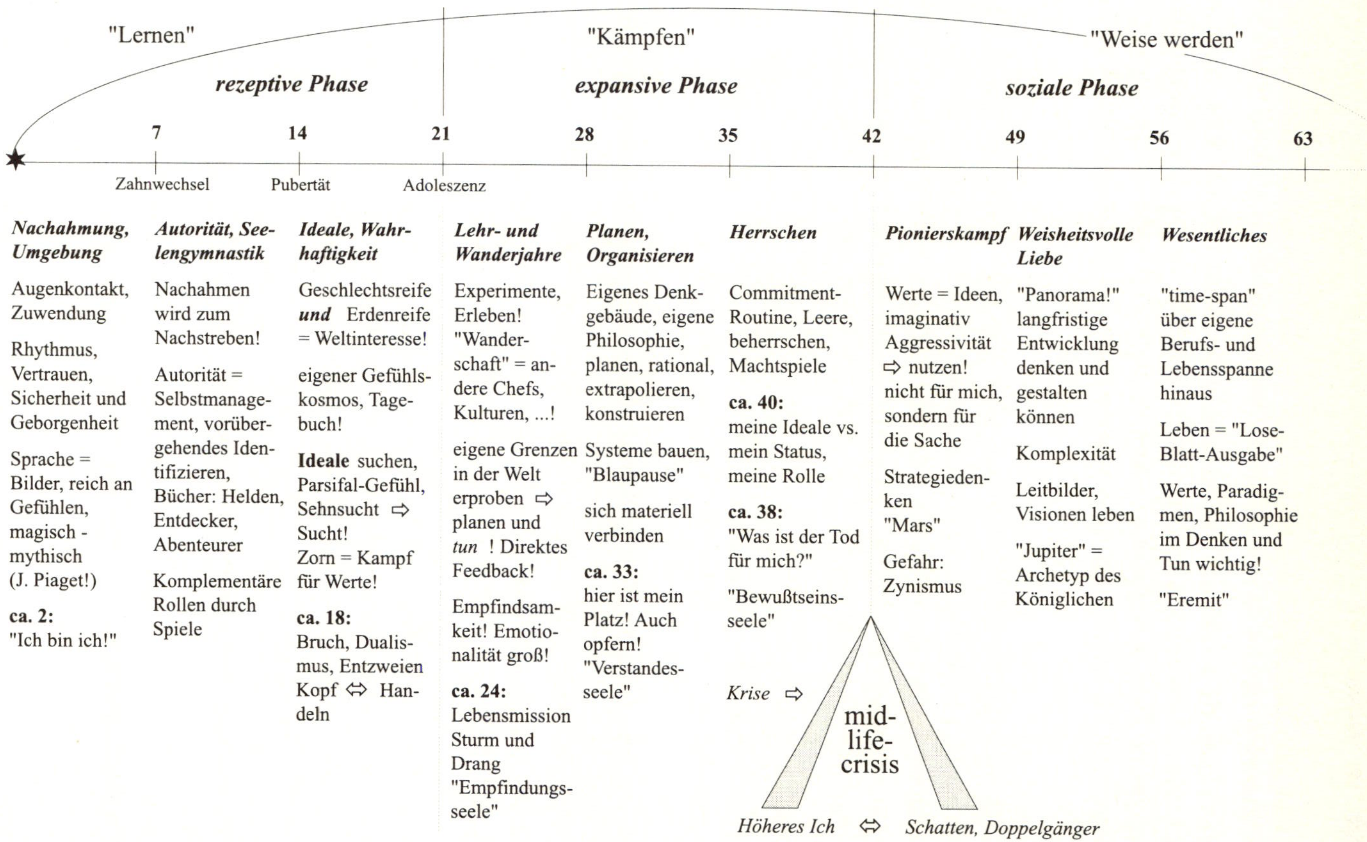

Abb. 3: Lebensphasen des Menschen
© F. Glasl 1990

7. Werte leben

Von Vorständen großer Unternehmen wird nicht selten Integrität als eine für Führungskräfte notwendige Qualität genannt. In einem weltweit tätigen Unternehmen gibt es ein umfangreiches Grundsatzpapier zu dieser Schlüsselqualität. Dabei wird Integrität oft als das Einhalten von Gesetzen, z. B. keine verbotenen Absprachen zu treffen, oder von Regeln verstanden, z. B. keine Bestechungen mitzumachen.

Mit Integrität ist jedoch auch gemeint, ehrlich und wahrhaftig zu sein, ohne Tricks und Intrigen zu arbeiten, nach Werten zu leben, die sich dem Ellbogendenken oder dem sogenannten „mobbing“ entgegenstellen. Von einem integren Menschen sprechen wir, wenn wir uns auf ihn oder sein gegebenes Wort verlassen können und er es nicht nötig hat, mit falschen Versprechungen seine Position zu wahren, und wenn dieser Mensch sich der eigenen Werte von Freundschaft und Menschlichkeit verpflichtet fühlt.

Allerdings ist dies nicht zu verwechseln mit einem Handeln nach einem strengen Moralkodex, sondern entspricht eher einem Handeln nach der „Gefordertheit der Lage“, wie es Max Wertheimer nennt. Das heißt, wahrnehmen, was in einer bestimmten Situation richtig, vor dem eigenen Gewissen vertretbar ist. Es ist die Freiheit, nicht Beliebiges, sondern das Rechte zu tun. Wertheimer veranschaulicht dies in einem Bild: Wenn du einen Häuselbauer und ein hungriges Kind vor dir hast und dir ein Stück Brot und ein Ziegelstein zur Verfügung steht, wem gibst du was?

Aus der täglichen Arbeitssituation wissen wir, daß es oft nicht so augenscheinlich ist, was das richtige ist. Aber die erweiterte Wahrnehmungsfähigkeit, wie sie schon beschrieben wurde, und stetiges sich selbst Hinterfragen hilft, die Gefordertheit der Lage zu erkennen.

Fragen, die zum Thema Werte hinführen:

Was ist mir wichtig in meinem Leben?
Nach welchen Werten glaube ich zu leben?
Wie sehen dies andere Menschen, die mich gut kennen?
Halte ich das, was ich tue für sinnvoll?
Was will ich und was tue ich?
Ist das, was ich tue notwendig (Not wendend)?
Tue ich nur etwas für mich oder auch für andere Menschen?

8. Voraussetzungen für Veränderungsprozesse

Bei allen Wandlungs-, Veränderungs- und Entwicklungsprozessen sollten Prinzipien beachtet werden, wie sie W. Metzger in den „Merkmalen der Arbeit am Lebendigen" beschreibt:

8.1 Die Nicht-Beliebigkeit der Form

Was in einem Menschen an Kräften und Fähigkeiten schlummert, ist oft nur langsam zu entdecken und individuell verschieden. „Ein Wesen aber ist ein schon von sich aus, nach eigenen inneren Gesetzen, seiner Eigenart entsprechend gestaltetes, oder besser: sich gestaltendes und sich verhaltendes Ganzes" (Metzger, 22). Das heißt, es geht in der persönlichen Entwicklung um die Entfaltung der Möglichkeiten, die in einem Menschen schlummern. Eine der wichtigsten Aufgaben einer Führungskraft ist es, für jeden Menschen den richtigen Platz im Unternehmen zu finden, an dem er seine Fähigkeiten einsetzen und sich entfalten kann.

Für das Coaching bedeutet dieses Merkmal, daß gemeinsam mit der Klientin geklärt wird, was sie sich selbst zutraut und was sie erreichen will in ihrer Organisation. Die bisherigen Entwicklungswege werden danach reflektiert, welche Begabungen und Fähigkeiten gefördert, entwickelt, genutzt wurden und welche vielleicht brach liegen. Der Coach gibt der Klientin immer wieder Feedback zu ihren Stärken, Schwächen und möglichen Lernfeldern, um ihre eigenen Kräfte zu stärken und zu mobilisieren, aber auch, um Sackgassen, die mit dem Über- oder Unterschätzen zusammenhängen, zu vermeiden.

8.2 Gestaltung aus inneren Kräften

Die Kräfte und Antriebe, die eine persönliche Entwicklung vorantreiben, sind vorwiegend in einem selbst. Motiviert ist eine Mitarbeiterin oder ein Mitarbeiter, wenn sie oder er letztlich von sich aus, Interesse an der Arbeit findet. In einem Coaching können diese manchmal verschütteten Interessen entdeckt werden. Außerdem können Randbedingungen geschaffen werden, die diese inneren Kräfte steuern und stärken. Im Coaching begegne ich häufig Führungskräften, die auf

Fehler ihrer Mitarbeiter mit Druck und Kontrolle reagieren. Dies ist energie- und zeitraubend und außerdem wenig wirksam.

Ein Beispiel:
In einer besonders schwierigen Situation ist eine Führungskraft, die innerhalb eines großen Konzerns einen Betrieb schließen muß. Die Mitarbeiter, die darüber informiert sind, sollen allerdings bis zur Schließung volle Leistung erbringen. Es kommt – nicht unerwartet von der Führungskraft zu Fehlverhalten und vermehrten Krankenständen. Appelle, Drohungen und Kontrollen fruchten wenig. Im Coaching findet die Führungskraft einen neuen Ansatzpunkt für ihr Vorgehen: nicht gegen, sondern mit den Mitarbeitern zu arbeiten und ihre noch vorhandenen inneren Kräfte aufzuspüren und zu nutzen. Die Führungskraft setzt sich mit ihren Mitarbeitern zu einem Gespräch zusammen und klärt mit ihnen gemeinsam, wie sie sich in dieser schwierigen Situation gegenseitig helfen, wie sie durchhalten können und wie sie sich einen zukünftigen Arbeitsplatz in oder außerhalb des Konzerns sichern können. Das anscheinend so Naheliegende und Einfache ist der Führungskraft so schwer gefallen, weil sie verstrickt war in der Vorstellung, daß man Mitarbeitern, die nicht mehr motiviert sind, Druck von oben machen muß.

8.3 Nicht-Beliebigkeit der Entwicklungszeit

Jeder Mensch hat seine eigenen fruchtbaren Zeiten und Augenblicke, in denen er bestimmten Arten des Einfluß-Nehmens zugänglich ist, während er sich vielleicht vorher und nachher verschließt. Für die professionelle Begleitung einer Persönlichkeitsentwicklung heißt dies im richtigen Augenblick ohne Zögern „bei der Hand zu sein“ (Metzger, 27) und „in viel höherem Maß als der Macher geduldig warten können“.

Manchmal ist diese Entwicklungszeit nicht selbst bewußt gewählt und kann dennoch bewußt genutzt werden.

Dazu ein Beispiel:
Durch eine überraschende Kündigung ist ein Manager aus seiner Karriere-Laufbahn herausgeworfen. Neben all der Wut darüber und neben all den aufsteigenden Ängsten erkennt er seine Chancen. Ist nicht jetzt gerade der richtige Zeitpunkt, die Weichen in seinem Leben neu zu stellen, sich ein neues Aufgabenfeld zu

suchen, das seinen eigenen Bedürfnissen entspricht? Er nutzt diese „Aus-Zeit" und unternimmt zunächst vieles, was er bisher immer aufgeschoben hatte, wie reisen, lesen, Gespräche führen, Kontakte knüpfen. Systematisch geht er daran, seine zukünftigen Arbeitsfelder abzustecken und danach zu suchen.

8.4 Nicht-Beliebigkeit der Entwicklungsgeschwindigkeit

Jeder Mensch durchlebt bestimmte Entwicklungphasen. Diese Phasen bauen aufeinander auf und können nicht übersprungen werden, wobei es individuelle Unterschiede gibt in der Dauer der Phasen. Jede Ungeduld, jedes Drängen oder künstliche Beschleunigen-Wollen schlägt oft doppelt zurück: Es kann zu seelischen Verletzungen sowie Erkrankungen führen, und es kann im späteren Leben eine Art Nachholbedarf notwendig werden. So steht in der Kleinkindphase die Nachahmung im Vordergrund, das heißt, im Umfeld des Kindes sollte auch Nachahmungswürdiges sein. In der Pubertät wird die Konfliktbewältigung geübt; entziehen sich die Eltern dieser Herausforderung, sucht dieser Mensch im späteren Leben unter Umständen immer wieder eine Auseinandersetzung mit seinen Vorgesetzten.

Bei Führungskräften, die relativ früh, z. B. mit 26–28 Jahren, Führungsverantwortung übernehmen mußten, wird sich die Bedeutung der Nicht-Beliebigkeit der Entwicklungsgeschwindigkeit in späteren Jahren zeigen. Konnten die jungen Führungskräfte nicht in ihre Aufgabe hineinwachsen, sondern wurden sie eher hineingeworfen, ist es für ihre psychische Entwicklung wichtig, sich ihrer Werte bewußt zu werden und eine Balance zwischen ihrem Arbeitsfeld, ihrem Familienleben oder Freundeskreis und ihren eigenen körperlichen, seelischen sowie geistigen Bedürnissen zu finden. Die schrittweise Auseinandersetzung mit sich selbst und dem eigenen Umfeld hilft „Blitzkarrieristen", eine spätere plötzliche Leere oder Sinnkrise besser zu bewältigen.

8.5 Die Duldung von Umwegen

Ein japanisches Sprichwort besagt: „Wenn du schnell zum Ziel kommen willst, mach einen Umweg." Vieles, was uns als Umweg erscheint, ist beim genaueren Hinsehen und beim Überblicken eines größeren Zeithorizontes gar keiner. Wieviele pädagogische und psychologische Theorien zur menschlichen Entwicklung gab es schon, die sich als unsinnig und sogar gefährlich erwiesen, weil sie nur einen Teil eines gesamthaften Geschehens beachteten, wie z. B. die möglichst frühe Vermittlung von Wissen und das damit einhergegangene Verkürzen von Spielzeiten. Einen Umweg machen, heißt aber auch die oben beschriebenen Prinzipien ernst nehmen und zu akzeptieren, daß eine Entwicklung weniger einfache und für uns nicht immer verständliche Wege einschlagen kann.

Ein Beispiel aus dem Coaching:
Herr B. will möglichst schnell seinen chaotischen Führungsstil, sein Zeitmanagement und seine sprunghaft erlebte Sitzungs- und Gesprächskultur ändern. Er spricht sehr schnell und meint, daß ihm die meisten seiner Mitarbeiter zu langsam sind. Auch für das Coaching hat er eigentlich keine Zeit. Zunächst erscheint es Herrn B unnötig, daß wir uns im Coaching mit seinen Perspektiven für die nächsten drei bis sieben Jahren, mit seinen Visionen, seinen Träumen und seinen Prioritäten beschäftigen. Doch bald wird ihm deutlich, daß seine ganze Hektik und das dadurch entstehende Chaos seiner inneren Unsicherheit entspringt. Aus seiner Unklarheit heraus, was er in seinem jetzigen Aufgabenfeld noch erreichen will, was ihm überhaupt wichtig erscheint in seinem Leben und wovor er laufend davonrennt. Wir arbeiten einige Sitzungen an diesen Themen und ein scheinbarer Umweg wird zum Hauptweg.

8.6 Die Wechselseitigkeit des Geschehens

Persönliche Entwicklung geschieht immer zwischen Menschen, ähnlich einem Gespräch mit Fragen und Antworten. Dieses Hin und Her von Wirken und Einwirken ist allerdings nur fruchtbar, wenn eine wechselseitige Achtung und ein wechselseitiges Vertrauen vorherrscht. Die Vorstellung von einem Menschen, der entwickelt wird und einem der entwickelt, kommt aus dem materialistischen Denken und überträgt das Modell der Maschine auf den menschlichen Organismus. Es übersieht im wesentlichen, daß es zwischen Menschen immer wechselwirkende Prozesse gibt, die außerdem nur unvollständig vorhersehbar sind.

Im Coaching heißt das, die coachende Beraterin teilt dem Klienten eigene Wahrnehmungen und eigene Ideen mit. Der Kontakt und das Sich-Einlassen auf den anderen Menschen sind ausschlaggebend für eine fruchtbare gemeinsame Zusammenarbeit. Die Klientin erhält immer wieder Rückmeldungen, wie der Coach ihr Verhalten, ihre Handlungen und ihre Vorstellungen sieht. Manchmal sind dies für eine Führungskraft die einzigen ehrlichen Rückmeldungen, die sie in ihrem Arbeitsleben zu hören bekommt. Sich der Wechselseitigkeit bewußt zu sein, hilft dem Klienten und dem Coach sich selbst gegenüber ehrlich und wahrhaftig zu sein, denn so wie sie miteinander umgehen, so werden sie wohl auch mit anderen Menschen umgehen.

Die beschriebenen Merkmale sind vielleicht am besten in einer chinesischen Parabel veranschaulicht:
„Ein Mann aus Sung, so erzählt der chinesische Staatsphilosoph Mong Tse (geb. 392 v. Chr.), war sehr betrübt, daß sein Korn nicht recht wachsen wollte. Er versuchte daher, die Halme selbst in die Höhe zu ziehen. Nach dieser Arbeit kam er ganz erschöpft nach Haus und sagte zu seinen Leuten: „Ich bin sehr müde, ich habe meinem Korn geholfen zu wachsen.“ Sein Sohn lief hinaus, um sich dies anzusehen, fand aber alle Halme verwelkt. – Es gibt viele Menschen auf der Welt, die den Wunsch haben, dem Korn beim Wachsen zu helfen“ (Metzger, 24).

Coaching als Problemlösungs- und Entscheidungshilfe

Hans von Sassen

Ein Coach wird immer dann in Anspruch genommen, wenn für den Betreffenden ein „Problem“ vorliegt. Problem nicht nur in der heute zu oft gebrauchten negativen Bedeutung, nämlich einer Situation, in der es Schwierigkeiten gibt, z. B. als Folge von etwas, das nicht hätte geschehen dürfen, von Irrtümern oder Fehlern. In dem Falle wäre Problemlösung nur eine Art Reparaturverhalten oder Wiedergutmachung, also eine vielleicht notwendige, aber freudlose oder belastende Tätigkeit.

Das Wort Problem bedeutet nichts anderes als eine „Frage, die ich mir vorlege“, also auch Fragen wie:

- Unter welchen Bedingungen kann ich diese Position und Aufgabe übernehmen?
- Wie können wir unsere Arbeitsvorgänge noch besser gestalten?
- Soll ich mich von diesem Mitarbeiter trennen oder gibt es andere Lösungen?
- Wir brauchen eine neue Strategie; wie können wir diese erarbeiten und wer sollte dabei einbezogen werden?
- Was kann ich zur Entspannung des Konfliktes in meiner Umgebung beitragen?

Das sind Fragen, die nicht ohne weiteres zu beantworten sind, weil die Gesamtsituation nicht leicht zu überschauen ist oder für verschiedene Alternativen manches dafür, manches aber auch dagegen spricht. Darum spricht man eben von „Problemen“, weil die Beantwortung dieser Fragen einen Suchprozeß erfordert. Die Antwort auf das Problem ist immer eine Entscheidung, außer wenn es um ein philosophisches oder wissenschaftliches Problem geht, dann ist die Antwort eine

Erkenntnis – in dem Fall sucht aber niemand die Hilfe eines Coach. In einem Coachingprozeß geht es nicht um Erkenntnisprobleme als solche, aber um „Handlungsprobleme“ von der Art wie die soeben dargestellten.

Wie kommt nun ein Mensch – oder eine Gruppe – zu sinnvollen, akzeptablen und praktikablen Entscheidungen und wie kann ein Coach dabei helfen?

1. Entscheidung als Krise

Jede Entscheidung ist ein Schritt über eine Schwelle in die Zukunft, in eine neue –zumindest teilweise – unbekannte Situation. Mit diesem Schritt verlasse ich ein Gebiet in dem ich mich auskenne und gewohnt bin zu handeln. Das Bekannte, Überschaubare und Erprobte gibt Sicherheit. Etwas Neues bedeutet vielleicht eine Chance, aber auch Unsicherheit. Außerdem kann mich manches verbinden mit der bisherigen Situation, das mir lieb geworden ist oder Erfolg gebracht hat. Dieses loszulassen kann schmerzlich sein.

Vor eine Entscheidung gestellt sein, ist also eine Krise. Das Wort Krise kommt aus dem griechischen Krisis, das Entscheidung oder Urteilsspruch bedeutet! Eine Krise tritt dann ein, wenn ein bisher bewährtes Handeln nicht mehr genügt, keine Anerkennung mehr findet oder nicht mehr den erwarteten Erfolg hat. Das kann mehrere Ursachen haben: Veränderungen in der Umwelt, andere Bedürfnisse und Anforderungen z. B. des Marktes, neue Gesetze oder neue Einsichten, Auffassungen, Erfahrungswerte usw. Das ist etwas anderes als die Anpassung des Verhaltens an täglich wechselnde Gegebenheiten innerhalb eines stabilen „Rahmens“. Es erfordert das in Frage stellen dieses Rahmens selbst, der Abläufe, Organisationsformen, Ressourcen, Ziele usw. bishin zur Frage des Überlebens und der Existenzberechtigung – also Entscheidungen.

Da wir in einer sich rasch verändernden Welt leben, da Menschen, Gruppen, Organisationen sich entwickeln, treten natürlicherweise immer wieder Krisen auf. Nun ist das Wort Krise emotional belastet. Dafür sind vor allem zwei Vorurteile verantwortlich:

1. Eine Krise sei etwa dasselbe wie eine Katastrophe – das kann sie dann werden, wenn sie durch längere Zeit hin nicht erkannt, verdrängt oder falsch gedeutet wurde.

2. Eine Krise sei etwas, das bei richtigem Verhalten und guter Führung hätte vermieden werden können. Dann wird nach Schuldigen gesucht.

Ob und wie eine Entscheidung zustande kommt, hängt zunächst davon ab, wie die Krise von den „Entscheidern“ erlebt wird – und zwar als Bedrohung oder als Herausforderung.

Krise als Bedrohung erlebt

Dies löst Gefühle aus wie Unbehagen, Sorge, Angst bis Panik. Das ist vor allem dann der Fall, wenn die Notwendigkeit einer Neu-Orientierung viel zu spät erkannt wurde. Dies wird z. B. an folgenden Symptomen sichtbar:

Bewußtsein Einengung des Bewußtseins- und des Zeithorizontes, Vereinfachung (Komplexitätsreduktion) – wie gebannt Starren auf das (vermeintliche) Gefahrengebiet (z. B. „unlösbarer“ Konflikt, Bankschulden) und Übersehen anderer Tatsachen, Zusammenhänge, Möglichkeiten.

Einstellung Der Wunsch weitermachen zu können, ohne etwas ändern zu müssen, höchstens „mehr oder weniger desselben“. Nur in Notlösungen denken.

Handeln Neigung chaotisch oder starr zu reagieren. Ratlosigkeit – viel argumentieren ohne Konklusionen. Kurzschlußlösungen (von Symptomen zu Maßnahmen springen) oder: Scheinlösungen, d. h. hektisch Arbeiten an nebensächlichen Problemen. Fluchtwege – z. B. jammern, beschwichtigen, anklagen, geschäftiger Aktionismus oder auf ein Wunder hoffen.

Krise als Herausforderung erlebt

Die Krise löst ebenfalls Spannung und Besorgnis aus, aber keine Angst. Dagegen wird sie als Ansporn erlebt, an einer zukunftsorientierten Entscheidung zu arbeiten.

Symptome sind:

Bewußtsein Es wird Bewußtseinserweiterung angestrebt, um die Gesamtlage zu überschauen und nicht nur Schwächen und Gefahren, sondern auch die Stärken und Chancen zu sehen.

Einstellung Der Glaube, daß jede Krise ein Signal ist, daß ein neuer Entwicklungsschritt fällig ist. Dieser kommt nicht von selbst, sondern muß erarbeitet werden.
Der Glaube, daß es für jedes Problem eine akzeptable bis gute Lösung gibt für denjenigen, der bereit ist, etwas loszulassen, Neues zu lernen und die Situation kritisch und kreativ anzugehen. Die Krise wird also als eine Chance gesehen.

Handeln Nimmt sich die Zeit zur Diagnose der Situation, zur Urteilsbildung und Entscheidungsfindung, um zu einer erfolgversprechenden Kursänderung zu kommen. Reduziert oder delegiert das Tagesgeschäft und macht Krisenmanagement zur Priorität. Versucht soviel wie möglich, Betroffene und Externe zu mitdenkenden und motivierten Bundesgenossen zur Überwindung der Krise zu machen. Das erfordert Mut zur Initiative, innere Sicherheit und (Selbst)Vertrauen in dem Maße, wie die Krise, also die zu treffende Entscheidung, mehr oder weniger tiefgreifend ist.

Coaching als Vertrauenshilfe

Die erste Aufgabe eines Coach, der Entscheidungshilfe leisten will, ist seinen Klienten zu ermutigen, sich mit Vertrauen auf den Weg zur Lösung seines Problems zu begeben, so daß dieser seine Situation als Herausforderung annimmt. In der ersten Gesprächsphase ist anhand der genannten Symptome zu ersehen, ob der Klient seine Situation mehr als Herausforderung oder mehr als Bedrohung erlebt. Ist das erstere der Fall, dann kann bald in die Arbeit am Problem eingestiegen werden und wird der Klient zum Partner im Coachingprozeß. Andernfalls ist mehr Zeit aufzuwenden für die Vertrauensbildung.

Das kann z. B. wie folgt geschehen:

- Beim Betrachten der Lage kann der Coach die positiven Faktoren, die vorhandenen Stärken und Ressourcen, z. B. die ungenutzten Fähigkeiten von Mitarbeitern, beleuchten. Dadurch kann die Bewußtseinsverengung auf die „Problemzone“ wieder eine Erweiterung erfahren, so daß die Hoffnung auf eine tragbare Lösung Auftrieb bekommt.

- Durch Einbeziehen von Kollegen und Mitarbeitern in den Prozeß. Es wirkt ermutigend, wenn man nicht vor schwierigen, einsamen Entscheidungen steht, sondern auf die Unterstützung von Mitarbeitern bauen kann.
- Bei der Situationsanalyse kommt man bald auf kleinere Mängel und
- Unzufriedenheiten. Indem man für diese relativ einfach und schnell Abhilfe schafft, entstehen Erfolgserlebnisse, die ermutigend wirken und Energie freisetzen für das Angehen des Hauptproblems.

2. Entscheidung als Wahl

Zum Wesen der Entscheidung gehört nicht nur, daß es ein Schritt über eine Schwelle in ein neues Gebiet ist, sondern daß wir auch vor der Wahl zwischen verschiedenen Möglichkeiten des Handelns stehen. Wir gehen gewissermaßen auf einer Straße, die sich in zwei oder mehr Wege spaltet. Welcher ist der „richtige“ oder der „beste“ Weg zum Ziel? Wir sehen oder vermuten Vorteile und Nachteile des einen Weges und ebenso der andern Wege.

Da tritt weniger die Angst (vor unbekannten Konsequenzen) auf, sondern mehr der Zweifel: Da scheiden sich die Geister – in mir oder in einer Gruppe. Zweifel ruft „Unentschiedenheit“ auf. Entscheiden heißt, diese Scheidung (wieder) zu überwinden. Dadurch wird Energie frei für den weiteren Weg. Allerdings kommt es vor, daß Menschen nur halbherzig einen der Wege wählen. Sie haben sich dann die Entscheidungsfindung zu leicht gemacht – das kann zur Folge haben, daß der Zweifel sie unterwegs wieder überfällt.

Entscheidungshilfe bei Zweifel

Es gibt ein unproduktives und ein produktives Verhalten dem Zweifel gegenüber. Das erstere bedeutet: in der Unentschiedenheit hängen bleiben, Entscheidungen hinausschieben. Das wird als Entscheidungsschwäche bezeichnet. Menschen können aber auch den Zweifel als Signal zur Besinnung auffassen, um nicht zu vorschnell die vor der Hand liegende Alternative zu wählen, sondern die Entscheidungssuche ernst zu nehmen. Wir könnten dieses Verhalten als Entscheidungsernst bezeichnen. Der Zweifel lähmt dann nicht, sondern wird zu einer Hilfe, um zu bewußten und verantwortlichen Entscheidungen zu kommen. Das mit einem Coach gemeinsame Durchforsten des Problems und der Lage kann wesentlich zur inneren Sicherheit des Entscheiders beitragen.

Die Personen, die von einem Coach Entscheidungshilfe erwarten, tendieren entweder mehr zur ersten oder zur zweiten Verhaltensweise. Im zweiten Fall kann bald am Problem gearbeitet werden. Der Coach wird dann hauptsächlich methodische Hilfe für den Prozeß der Entscheidungsfindung leisten. Der Klient kann aber auch Entscheidungsschwäche zeigen, indem er zum Beispiel Argumente in der „Ja-aber-Grammatik“ im Kreise bewegt und die Alternativen immer wieder anzweifelt. Der Coach sollte ihn dann nicht drängen, sich zu entscheiden, sondern zunächst versuchen, die Motive und Kräfte, die zu dieser Patt-Situation beitragen, ins Bewußtsein zu rufen.

Mögliche Hintergründe für Unentschiedenheit können sein:

- Nur zwei Alternativen sehen, z. B. entweder weggehen oder bleiben. Das ist eine Bewußtseinsverengung. Der Coach kann zeigen, daß es viele Formen und Bedingungen des Weggehens und des Bleibens gibt. Oder eine dritte Alternative kann die „erlösende“ Lösung sein.

- Die (unbewußte) Voraussetzung, daß Entscheidungen sich nur auf Veränderungen in der Außenwelt des Entscheiders, auf andere Menschen oder Umstände beziehen. Der Betreffende erwägt Maßnahmen – jedoch nicht, wo er selbst seine Meinung, Einstellung, Anforderungen usw. ändern könnte oder müßte. Die Alternativen werden dann verworfen, weil sie den bisherigen Denkgewohnheiten nicht entsprechen.

- Illusorische Wünsche, z. B. überall zugleich dabei sein wollen, also auf nichts verzichten wollen. Oder illusorische Befürchtungen, d. h. jede der Alternativen könnte Nachteile bringen, mit denen man sich nicht abfinden will.

Aufgabe des Coach ist, die eigentlichen Bedürfnisse und Motive, die Auffassungen und Werte des Coaching-Partners zu hinterfragen. Oft beziehen sich die Wünsche und Abneigungen auf vorgestellte Lösungen, die noch nicht dahin überprüft sind, ob sie den eigentlichen oder längerfristigen Anliegen gerecht werden. Durch dieses Hinterfragen werden neue Kriterien für die Urteilsbildung sichtbar, und der Blick erweitert sich auf noch nicht bedachte Alternativen.

3. Arten von Entscheidungen

Steht Problemlösung und Entscheidungshilfe an, dann ist es hilfreich, daß der Coach sich zunächst ein (vorläufiges) Bild macht von der Art des zu lösenden Problems bzw. der zu treffenden Entscheidung. Er kann dann einschätzen, was auf welchem Gebiet zu entscheiden ist, wie einfach oder kompliziert die Situation ist und welche Fähigkeiten und Denkweisen die Entscheidungsfindung erfordert.

3.1 Entscheidungen, die eine Person, eine Gruppe oder eine Organisation betreffen

1. Das Problem bzw. die Entscheidung bezieht sich auf die Situation einer Einzelperson. Es geht dann um die Lösung eines persönlichen Problems, z. B. Stellensuche oder Auswanderung.

2. Es betrifft eine Gruppe, z. B. Familie, die Seminargruppe, Arbeitsteam. Das Thema kann z. B. ein Gruppenkonflikt, die Arbeitsverteilung, die Auflösung der Gruppe sein.

3. Die Entscheidung betrifft eine Organisation oder Institution z. B. Strategie, Investitionen, Funktionen, Abläufe usw.

Darüber hinaus gibt es weitere Dimensionen: Vernetzung von Unternehmungen oder Forschungseinrichtungen, Gemeinden, Ländern, ... Je weiter die „soziale Dimension" desto mehr müssen Tatsachen und Konsequenzen auf unterschiedlichen Gebieten, wie Organisation, Wirtschaft, Technologie, Psychologie, Gesetzgebung, berücksichtigt werden. In diesen qualitativ unterschiedlichen Dimensionen gibt es natürlich auch Größenunterschiede, z. B. ein Gemüseladen und ein Konzern. Beide sind Organisationen, aber Entscheidungsprozesse sind im letzteren Fall natürlich vielschichtiger und aufwendiger. Der Coach kann beobachten, in welchem Horizont sein Klient denkt und urteilt, welche Aspekte er sieht und über welche er hinwegsieht – also wo an einer Bewußtseinserweiterung gearbeitet werden muß.

3.2 Ziel -, Weg- oder situative Entscheidungen

1. *Ziele:* Urteilsbildung in bezug auf Ziele erfordert einen weiteren Bewußtseins- und Zeithorizont, größere Verantwortung und Risikobereitschaft, also auch mehr innere Sicherheit, da die Zukunft noch weitgehend offen ist. Der Coach wird insbesondere Gründe und Motive, das ***Warum*** und ***Wozu*** und mögliche Konsequenzen für die weitere Umgebung hinterfragen.

2. *Wege:* Hier geht es um Strategie- oder Planungsentscheidungen, Verfahrens- und Methodenwahl und organisatorische Bedingungen dazu. ***Wie*** ist vorzugehen, um das bereits entschiedene oder vorgegebene Ziel am besten zu erreichen? Dabei ist noch mit manchen Ungewißheiten – je nach „Umfang" des Problems – zu rechnen, aber Erfahrung und methodisches Denken geben schon mehr Halt für die Entscheidungsfindung.

3. *Situation:* Ziel und Vorgehen sind bekannt. In der Durchführung treten aber Probleme auf, die situative Entscheidungen erfordern. Ist die „Störung" (zeitig) zu beheben oder muß der Plan geändert werden? Also einmalige, meistens kurzfristige Entscheidungen, die auf situative Gegebenheiten bezogen sind.

3.3 Technische, soziale und konzeptive Entscheidungen

Sie erfordern jeweils qualitativ andere Denkweisen und Fähigkeiten:

1. *„Technisch-operative" Entscheidungen,* die keine Konsequenzen haben für Menschen und keine prinzipiellen Fragen berühren.

2. *„Menschlich-soziale" Entscheidungen,* die Menschen und Gruppen, deren Verhalten, Beziehungen, Konflikte usw. betreffen.

3. *„Konzeptiv-kreative" Entscheidungen,* bei denen es um Sinngebung, Prinzipien, Zielsetzung, „Politik", Strategie oder Neugestaltung geht. Konzeptive Entscheidungen setzen soziale und operative voraus oder ziehen diese nach sich.

Als Coach kann man darauf achten, auf welcher dieser Ebenen der Partner vorzugsweise denkt. Viele neigen dazu, soziale und strategische Entscheidungen zu behandeln, als ob sie technische wären. In Schulen und Ausbildungen werden ja beinahe ausschließlich technische Fähigkeiten entwickelt, soziale und kreative Fähigkeiten muß die Mehrheit sich selbsttätig erwerben oder in der Weiterbildung ansatzweise nachholen. Ein „technisches Denken" genügt aber nicht, um soziale und konzeptive Probleme befriedigend zu lösen.

Die weitreichendsten Entscheidungen sind „organisationsbezogene, ziel- und konzeptive" Entscheidungen. Bei einer einfachen Entscheidung kann nach kurzer Zeit überprüft werden, ob diese richtig war und notwendige Korrekturen können frühzeitig durchgeführt werden. Konzeptive Entscheidungen, besonders in einem größeren System, sind langfristig wirksam. Diese können sich oft erst nach Jahren als richtig erweisen.

Meistens bilden Probleme auf der menschlich-sozialen Ebene zusammen mit konzeptiven Fragen den Kern von Coachinggesprächen. Eine Hilfe für die Entscheidungsfindung ist es, dem Coaching-Partner die Art seines Problems und damit die Art der zu treffenden Entscheidung bewußt zu machen.

4. Problemlösung und Entscheidungsfindung als Prozeß

Jedem „Lösen" und „Finden" geht ein Suchprozeß voran. Je bewußter und methodischer dieses Suchen stattfindet, desto sicherer kommt man zu einer optimalen Lösung und Entscheidung. Zu oft verläuft dieser Prozeß zu chaotisch, daher langwierig, demotivierend und kraftraubend. Eine geglückte Entscheidungsfindung, nicht nur als Ergebnis, sondern auch als Prozeß, wirkt aufbauend und motivierend.

Der Coach kann diesen Prozeß bewußt machen, strukturieren und begleiten. Das hilft dem Klienten nicht nur zu einer (besseren) konkreten Entscheidung. Bei einer bewußten und strukturierten Entscheidungsfindung gehen intensive Lernprozesse vor sich, sowohl methodisch-praktische wie persönliche. Insbesondere wird die Fähigkeit der Urteilsbildung entwickelt, die über bisherige Erfahrung und Spezialismus hinausführt. Urteilsfähigkeit ist eine wesentliche Voraussetzung für Zusammenarbeit und ein Bestandteil der Führungskompetenz. Darin liegt meines Erachtens die besondere Stärke von Coaching überhaupt!

Gibt es für diesen Suchprozeß eine allgemein gültige Wegbeschreibung, eine

Vorgehensweise, ein Modell, abgesehen davon, was inhaltlich gesehen, zu entscheiden ist?

Es gibt eine umfangreiche Literatur, die diesen Prozeß in verschiedensten Schritten, die jeweils zu beachten sind, beschreibt. Im folgenden wird ein Modell dargestellt, daß im Laufe von 40 Jahren aus der Beratungs- und Seminartätigkeit im Managementbereich entwickelt wurde und das ich heute als genügend ausgereift ansehe. Da es hier nicht um eine theoretische Abhandlung geht, sondern für Praktiker geschrieben wird, werden keine Vergleiche mit anderen Vorgangsbeschreibungen angestellt.

Ein Modell für die Entscheidungssuche

Ein Mensch oder eine Gruppe, der/die vor einer Entscheidung steht bzw. ein Problem lösen will, hat zu tun mit:

1. einer gegebenen Situation, die aus der Vergangenheit bis heute geworden ist.

2. einer zu schaffenden Situation, die in der Zukunft sein soll.

Der/die Entscheider stehen in der Mitte, in der Gegenwart.

In einem Bild:

Person/Gruppe

was geworden ist ⇐ Entscheider ⇒ was werden soll

Vergangenheit *Gegenwart* *Zukunft*

Abb. 1: Entscheiden im Zeitaspekt

Von dieser Mitte aus schaut er einerseits zurück mit der Frage: wie und warum ist es so geworden? Andererseits richtet er sich auf die Zukunft mit der Frage: was soll (anders) werden, wie und warum? Die Wichtigkeit des Zurückschauens wird oft unterschätzt. Jede Entscheidung ruft Änderungen in der Situation hervor, nicht nur immer die beabsichtigten. Darum ist eine „Situationsanalyse", notwendig, um die Möglichkeiten und Begrenzungen der bestehenden Situation zu kennen und zu verstehen, insbesondere die Kräfte unter der Oberfläche (z. B. Erwartungen und Befürchtungen von Menschen). Beste Absichten haben schon zu Fehlentscheidungen geführt, wo dies nicht beachtet wurde; selbst Tatsachen, die für andere offensichtlich sind, können mitunter übersehen werden.

Die Grundfrage für den Prozeß ist: Wie finde(n) ich (wir) eine für unsere Situation optimale Entscheidung, die nicht nur wünschenswert, sondern auch vernünftig, verantwortlich und durchführbar ist?

Die Entscheidungssuche beschreiben wir zunächst als einen Weg in jeweils vier Schritten:

Situationsanalyse	**Entscheidungsfindung**
* ***Ausgangsfrage*** Probleme, Anlaß, Handlungsbedarf *klären*	* ***(Übergeordnete) Ziele und Prinzipien*** für die zu treffende Entscheidung *feststellen/vereinbaren*
* ***Situationsbild*** Tatsachen, Umstände, Daten und deren Zusammenhang/Vernetzung *zusammentragen und anschauen* *nicht bewerten*	* ***Alternativen*** Mögliche Lösungen, Zukunftsbilder *zusammentragen und anschauen* *nicht bewerten*
* ***Merkmale der Situation*** Hintergründe, Charakteristik, Ursachen der heutigen Lage *hinterfragen und einschätzen*	* ***Konsequenzen*** der alternativen Lösungen bzw. Entscheidungen *hinterfragen und einschätzen*
* ***Diagnose*** Zusammenschau des vorigen und Schlußfolgerung *Verstehen „was los ist"* *Durchschauen der Situation*	* ***Entscheidung*** Zusammenschau des vorigen und Schlußfolgerung *Wollen „was gedacht wurde"* *Verabredungen über die Durchführung*

Tab. 1: Elemente der Entscheidungssuche

Die „Erkenntnissuche“ geht aus von der Gegenwart – das Problem ist heute für mich da – und macht eine „Schleife“ in die Vergangenheit, um die gewordene Situation und deren Ursachen zu verstehen. Der Weg kehrt zum Entscheider zurück: er muß nun zu einem Urteil kommen, was die Diagnose für ihn bedeutet und was damit zu geschehen hat. Die „Entscheidungsfindung“ geht von Zielen und Grundsätzen aus, die ich stelle und macht nun eine „Schleife“ in die Zukunft: wie könnten die künftigen Situationen aussehen und welche Konsequenzen hätten diese? Der Weg kehrt wieder zurück zum Entscheider: er trifft eine Entscheidung.

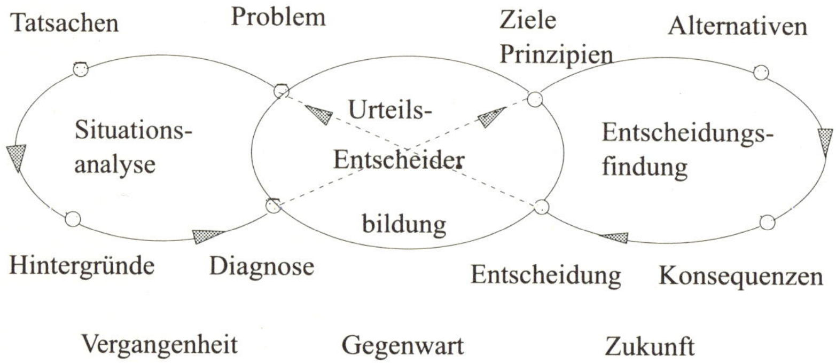

Abb. 2: Prozeß der Problemlösungs- und Entscheidungsfindung

Der Prozeß der Entscheidungsfindung durchläuft in diesem Bild drei Gebiete, die jeweils ein anderes Bewußtsein und eine andere Einstellung erfordern.

1. In der Situationsanalyse schauen wir die gegebene Wirklichkeit objektiv – vorurteilslos an und verdichten diese zu einem Bild: **Bildgestaltung**

2. Wir setzen die gefundenen Tatsachen und Hintergründe mit unserer subjektiven Wirklichkeit in Beziehung, d. h. „was bedeutet das für uns?, wie bewerten wir es (heute)?, was wollen wir damit tun?“ **Urteilsbildung**

3. Wir entschließen uns zu einer Änderung/Lösung, die in der heutigen und zukünftigen Wirklichkeit zu verantworten ist: **Entschlußbildung**

Nachfolgend eine Charakteristik der einzelnen Elemente dieses Weges.

Zur Bildgestaltung gehören:

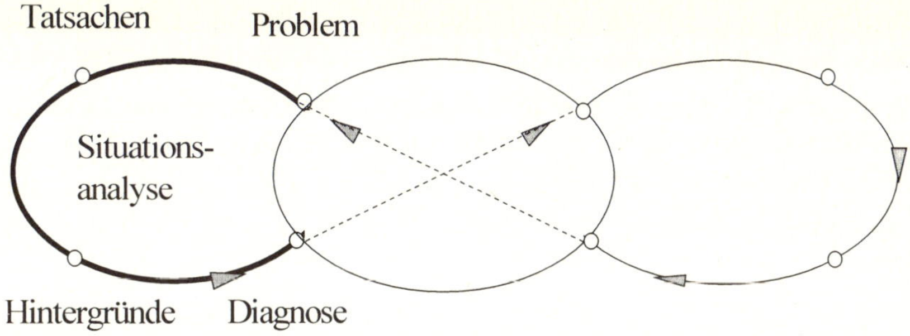

Abb. 3: Elemente der Situationsanalyse

Problem (Ausgangsfrage)

Das mittlere Oval symbolisiert die „Innenwelt" der Entscheider. Das Problem steht an der Grenze zwischen innen und außen: es ist mein/unser gefühltes, gedachtes oder vermutetes Problem, dem wir uns stellen, andererseits bezieht es sich auf die Situation. Für eine „richtige" Entscheidung ist die „richtige" Frage entscheidend.

Ein Beispiel:
Eine Führungskraft ist mit ihrer Arbeit ständig im Rückstand. Sie klagt über Personalmangel und Überbelastung.

Diese Aussage nennt eine Tatsache, den Rückstand, enthält aber zugleich die vermeintliche Erklärung und damit die gewünschte Lösung. Eine derartige Formulierung des Problems kann zu einer logisch erscheinenden „Kurzschlußentscheidung" führen. Sind mehrere Ursachen und Umstände verantwortlich – z. B. Mängel der Organisation und Demotivation der Mitarbeiter –, dann würden Neueinstellungen das Problem nicht beseitigen, vielleicht sogar verschlimmern. Untersucht man die „Problemsituation" nach möglichen Ursachen, dann findet man meistens mehrere innerhalb, aber auch außerhalb der Abteilung. Diese können dann auf eine oder wenige Wurzeln zurückgeführt werden, z. B. den Organisationsstil und die Personalpolitik der letzten 20 Jahre. Das ergibt dann die Diagnose.

Jede Tatsache und jeder Vorgang, also auch „das Problem", hängt mit anderen zusammen: Die „Lösung" wirkt zurück auf das System und bringt ein (zunächst oft unsichtbares) Netz von Tatsachen und Beziehungen in Bewegung. Darum ist Situationsanalyse notwendig, um die Zusammenhänge zu klären.

Eine Tatsache an sich ist nie ein Problem, kann aber für Menschen zum Problem werden: Sie sehen ein Problem – oder nicht –, sie erleben etwas als Problem, sie haben ein Problem, d. h. sie sind betroffen und wollen oder müssen etwas daran tun – oder nicht. Dieselbe Sache kann für den einen ein großes Problem darstellt, für den anderen gar keines. In einer bürokratischen Organisation kann ein Rückstand als Beweis gelten für die Wichtigkeit der Abteilung und die Gewissenhaftigkeit ihrer Mitarbeiter – geradezu ein Statussymbol. Ein Problem ist es nur für die Abnehmer ihrer Leistungen.

Das heißt: nur Menschen sehen oder „haben" Probleme. Nun wird aber im allgemeinen Sprachgebrauch sehr oft „das Problem" als quasi-objektiver oder vermeintlicher Tatbestand außer dem „Problembringer" behandelt. Das führt oft zu Fehldiagnosen und Maßnahmen, die keine „Lösung" bringen. Hier liegt die erste Klippe für die Entscheidungsfindung. Für den Coach ist es wichtig, darauf aufmerksam zu machen und zu hinterfragen, was für wen ein Problem ist und warum.

Eine Frage, die man sich vorlegt, kann sein: Was hat das zu bedeuten? Wie ist es entstanden, wie zu verstehen? Daraus ist jede Philosophie und Wissenschaft hervorgegangen. Angeregt werden solche Fragen durch das Gefühl der Verwunderung. In einer Situation, in der wir handeln, fragen wir uns: Was ist da zu tun, wie kann ich das ändern, verbessern usw.? Diese Fragen entstehen aus einem Bedürfnis oder Gefühl der Unzufriedenheit über eine Situation.

Anlaß zu Unzufriedenheit ist entweder ein Hindernis oder ein Mangel. Ein Hindernis stellt sich in den Weg: Es staut sich etwas oder Aktionslinien geraten durcheinander und bilden einen Knoten. Das wird als Druck erlebt. Daher der Ausdruck: Probleme lösen. Wenn der Druck oder der Knoten gelöst ist, kann man wieder frei atmen. Kurzschlußlösungen kommen wohl auch darum vor, weil man dieses Druck- und eventuelle Schuldgefühl so bald wie möglich loswerden will. Ein Mangel in der Arbeitswelt kann z. B. sein: fehlende Mittel, Fähigkeiten, Regeln, Menschen, Führung, Ideen.

Die Führungskraft klagt, ist also unzufrieden. Sie spricht von Druck (Überbelastung) und von (Personal)Mangel. Druck oder Ohnmacht wird erlebt, solange man in der Problemsituation „verstrickt" ist und nur die schon bekannten Gegebenheiten sieht.

Wer sich aus der Stimmung der Unzufriedenheit lösen kann und sich mit Verwunderung fragt: „Was ist hier eigentlich los, warum ist es so, wie es ist?" – den hebt das auf eine Ebene, von der aus er unbefangen auf die Situation herabschauen kann. Das Handlungsproblem ist für ihn zunächst ein Erkenntnisproblem geworden. Dadurch wird Situationsanalyse möglich.

Oft kommt das „eigentliche“ Problem erst im Laufe der Situationsanalyse zum Vorschein. In der Diagnose ist es dann ganz klar geworden (wie z. B. der „Organisationsstil der letzten 20 Jahre“). Das anfänglich formulierte Problem war dann ein Symptom und der Anlaß für die Suche nach einer Lösung. Dieses Symptom sollte man ernst nehmen und als vorläufig formulierte Ausgangsfrage akzeptieren. Der Coach kann beobachten: wie formuliert sein Partner die Ausgangsfrage, wie geht er mit Problemen überhaupt um?

Tatsachen

Zugang zu Tatsachen entsteht durch „wahrnehmen“ und „überprüfen“. Dabei wird sichtbar:

- was objektiv gegeben oder geworden ist – Dinge, Mittel, Daten, Zahlen, Abläufe, Gewohnheiten, Regeln, Strukturen und dergleichen.

- was subjektiv vorhanden ist, sich gebildet hat – Informationen (auch lückenhafte), Meinungen (auch Irrtümer), Gefühle, Beziehungen usw. von Menschen in der betrachteten Situation. Dies sind Tatsachen, soweit sie das Handeln bestimmen und äußere Tatsachen schaffen.

Ein Beispiel:
Ein Marketingchef kontraktierte mit einem Kunden die Lieferung von bestimmten Apparaten. Die Produktion des Modells war aber eingestellt und konnte nicht zeitgerecht wieder aufgenommen werden. Das hatte einen erheblichen Schaden für die Firma zur Folge. Der Irrtum ist also eine subjektive Tatsache, die zunächst zu konstatieren ist.

Die Aufzählung einzelner Tatsachen bringt nicht viel, es geht um ein überschaubares Bild, eine Art Landschaft, ein – zumindest vorläufiges – Ganzes. Was ist in dieses Bild aufzunehmen? Nur das, was im Hinblick auf die Problemstellung relevant erscheint.

Hintergründe

Zugang zu Hintergründen erfolgt durch „Hinterfragen“ z. B.:

- was besagt dieses Bild, wovon ist es ein Ausdruck?
- was ist typisch, merkwürdig in dieser Situation, Organisation, Projekt usw.?
- warum ist es so gekommen, geworden. Durch welche Entscheidungen, Einrichtungen usw. in der Vergangenheit kam es dazu?

Wenn wir in der Stimmung der Verwunderung hinterfragen, nicht sogleich aus heutiger Sicht bewerten, dann werden Merkmale, Zusammenhänge, Ursachen erkennbar, zunächst als Hypothesen. Die Kunst ist, so wenig wie möglich hineinzuinterpretieren, sondern „sich aussprechen lassen“, heraushören, was innen, hinter, zwischen den Tatsachen ist. Das Tatsachenbild zeigt die „Oberfläche“, dasjenige was man von außen sehen kann. Die Hintergründe bringen ein „Relief“ in das Bild, dasjenige, was man von innen her verstehen kann.

Zum obigen Beispiel vom Marketingchef:

- *die Bemühungen des Marketingchefs sind darauf gerichtet, die Wünsche der Kunden prompt zu befriedigen und bisherige Erfolge quantitativ auszubauen.*

- *der Produktionschef ist auf den letzten Stand der technischen Entwicklung eingestellt, da diese Entwicklung sehr schnell vor sich geht und die Konkurrenz auf dem Weltmarkt groß ist. (Er hatte darum den betreffenden Apparat aus der Produktion genommen).*

- *Eine Nachricht über Veränderung der Produktion hat den Marketingchef nie erreicht, er hatte aber auch vor Abschluß des Kontraktes nicht nachgefragt.*

- *beide Abteilungen sagen, daß die jeweils andere Informationen nicht weitergibt oder sie berufen sich auf formale Abläufe, die unklar sind. Der eigentliche Hintergrund ist aber, daß beide Abteilungen Kontakt meiden. Die periodischen Meetings verlaufen formal korrekt, aber unter sich spricht jede negativ über Verhalten und Fähigkeiten des anderen.*

Der Hintergrund des zunächst festgestellten „Irrtums“ ist also eine Konfliktsituation. Solche und ähnliche Zusammenhänge werden bei der Erörterung der Hintergründe erkennbar. In dieser Phase wird den Entscheidern bereits klar, daß eine gesonderte Lösung für diese Panne nur eine „Symptombekämpfung“ wäre. Das weist auf die zweite Klippe für die Entscheidungsfindung hin, nämlich daß nicht oder zu wenig nach Hintergründen gesucht wird. Das Symptom wird dann für die Diagnose gehalten, z. B. „der Marketingchef hat den Fehler gemacht". Eine entsprechende Maßnahme würde dann auch keine Lösung für das eigentliche Problem bringen. Der Coach kann durch Fragen diesen Suchprozeß anregen und auch – nur nicht am Anfang – mögliche Hypothesen von sich aus ins Gespräch bringen.

Diagnose

Die Diagnose ergibt sich durch Zusammenschau

- der für die Entscheidung relevanten Tatsachen, Zusammenhänge und Hintergründe
- des wesentlichen Problems und der daraus hervorgegangen sekundären Probleme und Symptome, für die Lösungen zu suchen sind.

Damit ist die „Bildgestaltung" zu einem aussagekräftigen Abschluß gekommen. Diagnose bedeutet „durch-schauen" – nicht: dem Zustand einen Namen geben! Ist eine solche Diagnose durch die in und für die Situation verantwortlichen Personen – mit Hilfe eines Coach – erarbeitet, dann stellen diese oft erstaunt fest, daß sie die Situation, in der sie tätig sind, jetzt erst wirklich verstehen. Sie sind dann motiviert und fähig geworden, Hindernisse und Mängel, die aus der Struktur und Kultur des Systems hervorgegangen sind, anzugehen und positive Entwicklungen einzuleiten. Diesen „Bewußtseinsschub" bewirkt eine externe Organisationsuntersuchung selten. Wie könnte die Diagnose im obigen Beispiel aussehen?

Der untergründige, nicht eingestandene Konflikt zwischen Produktion und Marketing ist wahrscheinlich darauf zurückzuführen, daß das Unternehmen früher durch Jahre von einem technischen und einem kaufmännischen Direktor geleitet wurde, die beide zur „Familie" gehörten und zwischen denen eine gewisse Rivalität herrschte. Inzwischen ist das Unternehmen gewachsen und mehrere Reorganisationen haben stattgefunden, aber in der Kultur der Bereiche wirkt diese Untenehmensgeschichte noch nach. Der Coachingkunde, in diesem Fall der Marketingchef, war sich durch diese Situationsanalyse klar geworden, in welcher Situation er sich in diesem Unternehmen befand und in welcher Richtung daher Lösungen zu suchen wären, die er vorher nicht erwogen hätte.

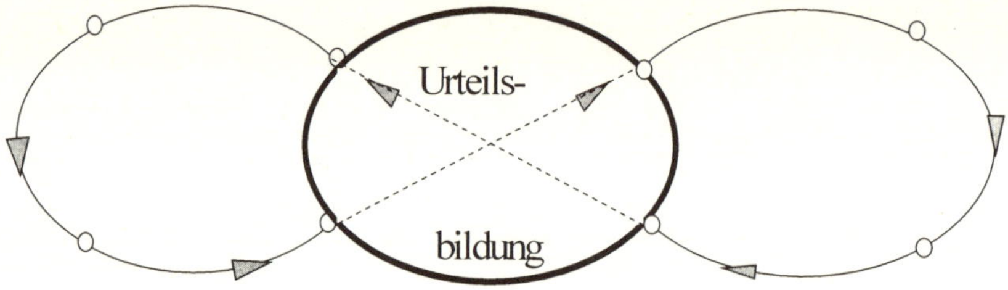

Abb. 4: Das Element der Urteilsbildung

Urteilsbildung

Mit der Diagnose bin ich bzw. sind „wir“ – die Entscheider – wieder an der Grenze von der Außenwelt zur Innenwelt angekommen. Als Mitarbeiter/Führungskräfte sind wir Teil der Situation, gehören dazu. In der Entscheider-Position haben wir die Situation als Zuschauer aus der Vogelperspektive angeschaut und analysiert. Jetzt ist die Frage: Wie geht es uns mit dem gefundenen Bild, wie stehen wir als Menschen dazu? Es ist gut, da innezuhalten und nicht gleich in die Entscheidungsfindung einzusteigen. Hat die Diagnose unsere Vermutungen bestätigt oder uns überrascht? Sind wir enttäuscht oder erleichtert?

Die Urteilsbildung geht dann über zu Fragen wie: Wollen wir einige Verbesserungen einleiten oder sind wir überzeugt, motiviert eine notwendige, eher langfristige Entscheidung für unsere Abteilung, Bereich usw. zu treffen? Legt die Diagnose nahe, daß mehrere Entscheidungen/Maßnahmen zu treffen sind, welche haben dann Priorität? Das kann dazu führen, über mögliche Alternativen des Vorgehens nachzudenken, um im nächsten Treffen die Entscheidungsfindung anzugehen.

Mit „Urteilsbildung“ ist hier insbesondere gemeint: Bildung von „Werturteilen“. Ein Urteil im weiteren Sinne ist eine Aussage entweder darüber:

- was ist, was ich vorfinde und konstatiere oder
- welche Bedeutung das für mich hat, wie ich es erlebe,
- welche Gefühle es bei mir auslöst, was es mir wert ist oder
- was zu tun ist, was ich ändern will.

Diese drei Arten kann man nennen:

- Tatsachenurteil oder Wahrnehmungsurteil
- Werturteil oder Beziehungsurteil
- Willensurteil oder intentionales Urteil.

Für die Situationsanalyse sind alle Aussagen in der Form von Tatsachenurteilen wesentlich. Hier geht es um Werturteile und in der anschließenden Entscheidungsfindung führen die Willensurteile zur Entscheidung hin.

Zur Entschlußbildung gehören:

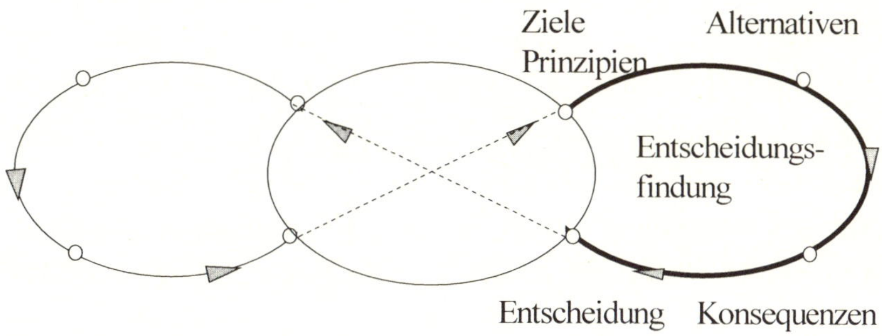

Abb. 5: Elemente der Entscheidungsfindung

Prinzipien

Die Entscheidungssuche geht von der Frage aus: Welches Leitbild, welche Prinzipien und Ziele wollen wir dieser Entscheidung zugrunde legen? Nach einer Diagnose sind diese Fragen nicht mehr fernliegend und abstrakt. In der vorangehenden Diagnose wurde nämlich klar, welche (impliziten) Prinzipien und Ziele zur bisherigen Arbeitsweise, Struktur, Einrichtungen usw. geführt haben.

Zum Beispiel:
Die Abteilung des Coaching-Kunden wurde damals („eigentlich"!) eingerichtet, um eine einflußreiche Persönlichkeit „wegzupromovieren". Der betreffende Chef wußte das gar nicht, versteht jetzt aber plötzlich, warum bestimmte merkwürdige Schwierigkeiten in und um die Abteilung immer wieder auftauchten. Solche Erkenntnisse helfen, klar zu formulieren „wie wir so etwas in Zukunft handhaben wollen", welchen „prinzipiellen Kriterien" die Entscheidung entsprechen soll.

Es kann sein, daß einige bestehende Prinzipien oder Ziele in der Urteilsbildung als vernünftig, noch immer sinnvoll angesehen werden und der anstehenden Entscheidung zugrunde gelegt werden. Diese sind nun aber (wieder) bewußt geworden und können allen Betroffenen vermittelt werden. Das trägt zum Verständnis und der Akzeptanz von Entscheidungen bei. Prinzipien gelten nicht nur für einmalige, sondern oft auch für weitere Entscheidungen.

Alternativen

Die Suche nach und Bearbeitung der Alternativen kann wie folgt verlaufen:

- Aussprechen, Sammeln und Notieren der möglichen Alternativen, ohne diese zu bewerten und zu diskutieren. Jeder Einfall – auch wenn er auf den ersten Blick nicht wünschenswert oder unmöglich erscheint – kann Ideen und Elemente enthalten, die zu einer guten Lösung führen.

- Jede Alternative anhand der Prinzipien und Ziele überprüfen. Eliminiert werden diejenigen, die die prinzipiellen Kriterien deutlich nicht erfüllen. Zum Beispiel „der gute Ruf der Firma würde Schaden leiden“ oder: „dieser Vorschlag widerspricht unserem dritten Leitsatz“.

- Zu jeder der übrigen Alternativen die möglichen Folgen erörtern. Alternativen oder Varianten, die aufgrund gegebener Tatsachen – soweit diese nicht veränderbar sind – unmöglich sind, können ebenfalls „eliminiert“ werden.

- Die Grenze der Fakten kann man nicht überschreiten, die der Prinzipien will man nicht überschreiten. Zwischen diesen Grenzen befinden sich die Alternativen, für die Vor- und Nachteile abzuwägen sind. Manchmal lassen sich Aspekte von Alternativen so kombinieren, daß eine optimale Lösung erreicht wird, an die zuvor noch niemand gedacht hat.

Das gilt auch bei einer individuellen Entscheidungssuche. Der Entscheider führt dann einen Dialog mit sich selbst. Diese Phase ist die kreativste im gesamten Prozeß. Der Coach sollte dazu anregen, der Phantasie freien Lauf zu lassen und dann erst die Vorschläge zu überprüfen – aber bis zuletzt sind kreative Einfälle zuzulassen. Auch ist es z. B. möglich, daß die Teilnehmer im Prozeß (symbolische) Bilder zeichnen, in denen sie den Eindruck, den die besprochenen Alternativen auf sie machen, zum Ausdruck bringen und sich darüber austauschen.

Konsequenzen

Der Prozeß der Entscheidungssuche ist eigentlich ein Pendeln zwischen Alternativen, Prinzipien und Konsequenzen, ähnlich wie das der Fall sein kann bei der Situationsanalyse zwischen Problem, Tatsachen und Hintergründen. Konsequenzen sind eigentlich die konkreten Tatsachen in der Zukunft. Im Bild der „Schleife" stehen sie den „Tatsachen" der bestehenden Situation gegenüber – so wie übrigens die Wahl der Alternative den „Hintergrund" für die zukünftige Situation bildet und Prinzipien die Antwort sind auf die Diagnose.

Diese Phase kann sich für die Entscheidungsfindung als kritisch erweisen. Menschen können ***Wünsche*** in bezug auf Konsequenzen oder Befürchtungen vor Konsequenzen haben. Soweit diese sich auf sachliche Aspekte beziehen, werden sie offen besprochen. Entscheidungen für eine Organisation haben oft aber auch Folgen für Personen und Gruppen. Eine Alternative z. B. im Falle einer vorgeschlagenen Reorganisationsalternative mit Neubesetzung einiger Funktionen: *diese kann für Frau Meyer einen lang gehegten Wunsch erfüllen, für Frau Müller bedeutet sie dagegen (vielleicht!) geringere Aufstiegschancen. Solche Konsequenzen werden nicht immer ausgesprochen, können aber Anlaß sein zu scheinbar sachlichen Argumenten und unfruchtbaren Diskussionen. Frau Meyer beurteilt die Konsequenzen dieser Alternative positiv, Frau Müller sieht vor allem die Schwierigkeiten. Wie auch die Entscheidung ausfällt, es bleibt etwas Ungelöstes zurück, das die Entscheidung, die Durchführung und das Klima beeinträchtigt.*

Der Coach kann da helfen, indem er – „wie selbstverständlich" – zu den Alternativen die Frage stellt, welche persönlichen Folgen diese für wen „haben könnten" und wie diese Folgen erlebt werden. Wird darauf mit Verständnis eingegangen, dann läßt sich oft ein Dilemma lösen durch begleitende Maßnahmen, oder es wird für einen nicht vermeidbaren Nachteil eine akzeptable Kompensation gefunden. Der Weg zu einer einmütigen, gemeinsamen Entscheidung ist dann frei geworden.

Entscheidung

Es ist jetzt so weit, den Entscheidungsprozeß abzuschließen, also etwas zu „beschließen". Es wird ausgesprochen, formuliert und schriftlich festgelegt, was wie in Zukunft sein soll bzw. erreicht werden soll. Das bedarf einer Erläuterung, die auf die Ergebnisse der neun Stufen des Entscheidungsprozesses aufgebaut werden kann.

Kurz dargestellt z. B. wie folgt:

- welche Alternativen erwogen wurden, aufgrund welcher Prinzipien und Konsequenzen der Beschluß zustandekam (das ist als Information wichtig für Betroffene, die nicht beteiligt waren – sonst hört man Aussagen wie: „die haben ja nicht daran gedacht, daß ...)
- zu welcher Diagnose, aufgrund welcher Tatsachen und Hintergründe die Situationsanalyse geführt hat
- welche Umstände und Fragestellungen Ausgangspunkt für die Entscheidung waren.

Dieser Rückblick gibt den Organisationsmitgliedern ein klares Bild von der Bedeutung der erreichten Entscheidung. Eine so gewissenhafte Berichterstattung braucht nur von Zeit zu Zeit bei wichtigen Entscheidungen stattzufinden. So etwas wird das Vertrauen in die Problemlösungs- und Entscheidungsfähigkeit einer Projekt- oder Führungsgruppe wesentlich erhöhen und das künftige Mitdenken fördern.

Dieser „Be-schluß" (Konklusion) schließt einen Gedankenweg ab. Es ist dann noch ein „Ent-schluß" nötig, d. h. die Zukunft öffnen und vorauszuschauen. Entscheiden heißt eben nicht nur wissen, was gewollt wird, sondern auch aktiv werden und das Beschlossene realisieren. Manches ist schon in Sitzungen oder hinter dem Schreibtisch sogenannt „entschieden" und dann „verabschiedet" worden, das kann bedeuten: vergessen und das weitere anderen überlassen. Es versickert dann irgendwie in der Wirklichkeit.

Die Entscheidung wird zur Zielsetzung der Durchführung. Sie findet ihr Ende erst, wenn sie zur Gänze verwirklicht ist. Darum sollte als Grundregel beachtet werden: Wer entscheidet (Person oder Gruppe), nimmt die Verantwortung auf sich, nicht nur für die inhaltliche Richtigkeit, sondern auch für die Realisierung der Entscheidung. Vieles kann dann delegiert werden, aber nicht die Gesamtverantwortung. Delegieren ist etwas anderes als verabschieden oder beauftragen.

Das findet seinen Ausdruck darin, daß im direkten Anschluß an die Entscheidungsfindung verabredet wird:

- wer welche Aufgaben oder Projekte für Entwicklung, Planung, Prozeßgestaltung und/oder Durchführung von Teilaspekten der Entscheidung übernimmt;

- eine (vorläufige) Zeitstruktur: was bis wann fertig sein sollte, wann Zwischenauswertungen über den Fortgang bzw. der Endbericht in die Entscheidungsgruppe getragen werden; sonstige für den Verlauf notwendige Verabredungen.

Dadurch werden die Mitwirkenden motiviert, und die Entscheidung kann in relativ kurzer Zeit wirksam werden.

Der Coach kann viel dazu beitragen, das Bewußtsein der Entscheider dafür zu wecken, daß die Entscheidungsfindung bis zum Ende durchzugestalten ist, um zu guten, akzeptierten und wirksamen Entscheidungen zu kommen. Die Entscheidung ist dann eine wirkliche Antwort geworden auf die Ausgangsfrage – das Problem.

Der Gesamtprozeß

Zum Abschluß noch einige Merkmale des ganzen Problemlösungs- und Entscheidungsvorganges und damit zusammenhängende Hinweise für die Praxis.

1. Probleme lösen oder entscheiden?

Problemlösung und Entscheidungsfindung folgen denselben Weg. Vom Ausgangspunkt, dem Problem her gesehen, ist es ein Weg der Problemlösung, vom Endpunkt her ein Weg der Entscheidungsfindung. Von Problemlösung sprechen wir üblicherweise, wenn Umstände in der gegebenen Situation als bedrängend erlebt werden, für die eine Lösung zu suchen ist. Von Entscheidung sprechen wir eher, wenn die Vorstellung einer zukünftigen Situation im Vordergrund des Bewußtseins steht.

2. Einfache oder komplizierte Entscheidungen

Bei einer einfachen Entscheidung verläuft dieser Prozeß unkompliziert und schnell, bei einer komplexen Situation entsprechend systematischer, sorgfältiger und länger.

Doch wird in jedem Falle der beschriebene Prozeß – nur selten bewußt – durchlaufen. Jeder Entscheider „hat“ ein Bild der Situation oder glaubt zumindest, es zu haben oder er vergewissert sich kurz einiger Daten. Er „hat“ seine Kriterien und Prioritäten oft kaum reflektiert – und wendet sie an, verwirft eine Alternative vielleicht mit einem Blick und entscheidet sich.

Eine Falle dabei kann sein, daß das anscheinend einfache Problem nicht so einfach ist, daß der Entscheider bestimmte Tatsachen der Situation nicht kennt, die Frage nach einer dritten Alternative nicht stellt usw. und so zu einer Fehlentscheidung kommt, die „sein“ Problem vielleicht vordergründig „löst“, aber neue Probleme schafft.

3. Ist Diagnose immer notwendig?

Schnell entscheiden ist bequemer und gilt außerdem als Fähigkeitsmerkmal für Manager in der westlichen Welt. Diese Neigung wird auch unterstützt durch das Vorurteil: „Ich kenne doch meine Situation“. Zeitsparen bei der Entscheidungsvorbereitung wird durch nicht bedachte Konsequenzen, Pannen und Verzögerungen bei der Umsetzung mehr als wettgemacht. Der japanische Entscheidungsstil und dadurch angeregte Untersuchungen in Europa haben das eindrucksvoll erwiesen. Sogar bei einfach erscheinenden Problemen kommt das vor – siehe die soeben genannte Falle.

4. Die neun „Phasen“: eine logische, nicht notwendig zeitliche Folge

Die beschriebenen Phasen oder Stationen sind nicht unbedingt nacheinander abzuhandeln. Das zuvor erwähnte „Pendeln“ zwischen Problem, Tatsachen und Hintergründen und zwischen Prinzipien, Alternativen und Konsequenzen legt das schon nahe. Wo z. B. aktionsorientierte Entscheider schon Lösungsvorschläge mitbringen, die sie gerne rasch anbringen wollen, kann man nach einer vorläufigen Formulierung des Problems Alternativen sammeln. Um diese zu beurteilen, muß aber auf Elemente der Situationsanalyse zurückgegriffen werden. Wir sprechen darum nicht immer von Phasen, sondern von „Elementen“, die jede eine besondere Qualität haben. Dabei kommt es darauf an, daß die Entscheider ein Bewußtsein davon entwickeln, wo jede Aussage „hingehört“, d. h. ob sie eine Tatsache, eine Deutung, Vermutung, ein Prinzip, eine Konsequenz usw. ausspricht. Aussagen können vermischt und mehrdeutig sein. Das oben genannte Beispiel: *Eine Führungskraft ist mit ihrer Arbeit ständig im Rückstand und klagt über Personalmangel“*, ist dafür charakteristisch. Diese Aussage enthält ein Problem, eine Tatsache (Rückstand), ein Gefühlsurteil (klagt), einen Hintergrund (Personalmangel) und einen impliziten Lösungsvorschlag. Der Coach oder ein Teilnehmer kann darauf aufmerksam machen und nachfragen, was (genau) gemeint ist. Werden z. B. gerade „Tatsachen“ erörtert: wo, wann, wie oft, gibt es einen Rückstand, dann werden die anderen Elemente der Aussage (sichtbar) notiert – vom Coach oder einem Teilnehmer –, so daß diese im Zusammenhang von Hintergründen, Alternativen usw. besprochen werden können.

5. Bereitschaft zu suchen, macht finden erst möglich

Entscheidungsfindung erfordert eine Gesprächskultur, in der Aussagen nicht sogleich widersprochen, sondern hinterfragt werden. Hinter jeder Aussage stecken nämlich Erfahrungen oder Kriterien, durch die – wenn sie bewußt geworden sind – die Aussage verständlich wird. Es zeigt sich dann, daß an jeder Meinung „etwas dran ist“, daß es ein brauchbares Element enthält. Sogar aufgedeckte Irrtümer führen zu Erkenntnissen, die aufschlußreich sind. Es werden dann Urteile nicht mit den Personen und deren Wert oder Unwert verbunden, sondern als „subjektive Tatsachen“ behandelt. Es braucht sich dann niemand zu rechtfertigen. Es sollte darum jeder, der etwas vorbringt, dies von vornherein als vorläufig, ergänzbar oder korrigierbar ansehen, und es sollte auch nicht von anderen erwartet werden, daß sie die Lösung schon haben sollten. Daraus verdichtet sich dann das Bestmögliche, daß diese Gruppe hervorbringen kann. Wo das nicht der Fall ist, kann es sein, daß Teilnehmer versuchen, den Prozeß dahingehend zu manipulieren, daß die Gruppe die eigene Zukunftsvorstellung – ungenügend überprüft – akzeptiert. Die besten Entscheidungen sind die, die auf der Grundhaltung aller Teilnehmer beruhen, bis zuletzt nicht zu wissen, was die richtige Entscheidung ist! Auch wenn sie die beste Lösung vermuten, bleiben sie offen dafür, das noch etwas ganz anderes herauskommen könnte. Dann kann es passieren, daß, nach einer vielleicht mühsamen Sucharbeit, plötzlich eine Intuition auftaucht, von der jeder spontan sagt: „Das ist es!“

6. Situationsanalyse und Entscheidungssuche sind ein Projekt, also Arbeit und Leistung

Manche meinen, daß Urteilsbildung über Probleme oder Änderungen eigentlich von „der Arbeit“ abhält. Zu dieser Meinung tragen unter anderem lange oder unfruchtbare „Sitzungen“ – eine Folge dilettantischer Problembehandlung und Entscheidungsvorbereitung – bei. In der Facharbeit ist man „zu Hause“ und erlebt auch hier Erfolge. Ein Grund um Sitzungen und „nutzlose Diskussionen“ zu umgehen, z. B. mit der Begründung: „keine Zeit“. In Wirklichkeit ist die Arbeit an Bildgestaltung, Urteilsbildung und Entscheidung ein wesentlicher Beitrag zur Leistung der Organisation(-seinheit).

7. Problemlösungs -und Entscheidungsfähigkeit sollte und kann erworben werden

Wer einige Male durch den Prozeß gegangen ist – mit Hilfe eines Coach – und die Elemente von der Problemstellung bis zur Entscheidung berücksichtigt und verstanden hat, erwirbt die Fähigkeit – auch in dringlichen Fällen – in kürzerer Zeit und treffsicherer, ein Problem zu lösen bzw. zu einer Entscheidung zu kommen. In berufsvorbereitenden Ausbildungen wird diese Fähigkeit ja kaum beachtet, obwohl die Abiturienten im Arbeitsleben – in dem ständig Veränderungen stattfinden – beinah täglich Probleme lösen oder darin mitwirken müssen, nicht nur als Führungskräfte.

Wie kann ein Coach diesen Prozeß begleiten?

Es gibt zwei mögliche Formen:

1. Den Hauptverantwortlichen (Chef, Projektleiter, Initiativträger usw.) vorbereitend oder begleitend coachen, so daß dieser die Entscheidungssuche professioneller und mit größerer innerer Sicherheit leiten kann (individuelles Coaching).

2. Die Entscheidergruppe coachen (Team-Coaching).

Das letztere kann – anschließend an das individuelle Coaching – auf Wunsch des Chefs geschehen. Team-Coaching ist mehr als moderieren, das Methoden und Hilfsmittel für den Prozeß zur Verfügung stellt, aber sich von der inhaltlichen und willentlichen Arbeit frei hält. Ein Coach fühlt sich mitverantwortlich für den Prozeß und die Leistung der Gruppe, er ist – obwohl für die schlußendliche Entscheidung nicht verantwortlich – voll in der Arbeit drin. Zugleich aber beobachtend, aufmerksam machend, hinweisend, ratend, helfend aus der Übersicht des Ganzen.

Dadurch ermöglicht der Coach seinen Kunden und der Gruppe einen intensiven ***Lernprozeß,*** durch den die Fähigkeit wächst, schwierigere Probleme anzugehen und Entscheidungen herbeizuführen und die dazu notwendigen menschlichen Voraussetzungen – wie Initiative, methodisches Vorgehen und Übersicht, innere Ruhe, Mut und Entscheidungsfähigkeit zu stärken.

5. Wer entscheidet?

Zuletzt noch einige Worte zu der am häufigsten besprochenen Frage: Wer sollte, muß, darf, ist berechtigt zu entscheiden und wer nicht? Oder: was ist vernünftiger, besser, effizienter: Einzel- oder Gruppenentscheidungen? Diese Fragen sind einerseits nur jeweils für die konkrete Situation zu beantworten. Andererseits hängt die Antwort von der „Kultur“ einer Gruppe, einer Organisation und deren gesellschaftlichem Umfeld ab. Dieses Thema ist traditionell oder ideologisch mehr oder weniger besetzt.

Der Coaching-Kunde kann mit einer diesbezüglichen Frage an den Coach herantreten, z. B. inwieweit er andere in die Entscheidungsfindung einbeziehen sollte und wen. Der Coach wird dann die konkrete Situation, die Kultur – die vielleicht widersprüchlich ist und persönliche Gefühle und Urteile – die vielleicht ambivalent sind – hinterfragen. Es ist in dieser Situation hilfreich in bezug auf das Beteiligtsein zu unterscheiden zwischen: **mitwissen, mitdenken und mitentscheiden.**

Nicht alle wollen mitentscheiden, wenn dies Verantwortung, nicht Wunscherfüllung bedeutet. Die meisten wollen aber mitwissen, was, warum, aufgrund welcher Tatsachen und Erwägungen entschieden ist, besonders wenn sie vorher gefragt wurden, zur Bildgestaltung über die heutige Situation beizutragen. Einige möchten auch mitdenken, d. h. ihre Ansichten, Bedenken und Vorschläge einbringen und die anderer mitbeurteilen. Aber wer darf, sollte, kann mitentscheiden? Der Initiator oder Chef darf und sollte – ob er kann, hängt davon ab, ob er für die Entscheidung „gerade stehen“ will – die Verantwortung für die Umsetzung auf sich nehmen und diese durchführen so gut er kann. Das gilt auch für einen „Mitentscheider“.

Entscheiden kann nur ein Individuum! Das heißt, wird ein Teilnehmer in der Entscheidungssuche durch die „Kraft der Gruppe“ mitgenommen, dann sagt er – bewußt oder unbewußt – ja zu einem Beschluß. Das ist bei etwas größeren Gruppen (5 oder mehr) fast immer der Fall. Er entscheidet dann nicht autonom, sondern er entscheidet nach der Gruppenmeinung. Darum wird er keine Verantwortung „tragen“, weil er sich selbst tragen läßt. Die Frage an einen Teilnehmer, ob er die Entscheidung auf sich nehmen würde, wenn die anderen nicht mehr da wären, würde sichtbar machen, ob er ein „Entscheider“ ist. Das wäre vergleichbar damit, daß ein Orchestermitglied gefragt würde, ob es die Rolle des erkrankten Solisten oder des Dirigenten übernehmen will.

Der Coach kann seinen Gesprächspartner dazu auffordern – mit diesem Bild im Hintergrund – die betreffenden Mitarbeiter und Kollegen vor seinem geistigen Auge vorbeiziehen zu lassen. Es wird dann – nach meiner Erfahrung – ein charakteristisches Bild von Personen gezeichnet und welche Rolle und Verhalten von ihnen zu erwarten ist. Aus „Entscheidern“ und „Mitdenkern“ kann dann eine „Projektgruppe“ für die Umsetzung der Entscheidung gebildet werden, die Personen aus einem weiteren Kreis (zeitweise) in die Bildgestaltung einbeziehen können. Die Erfahrungen dieser Teilnehmer in der Entscheidungsvorbereitung können fruchtbar in der Realisierungsphase werden: Die „Mitdenkenden“ werden dann „Mitgestaltende“ (planend, organisierend), die „Mitwissenden“ zu „Mitwirkenden“. Der Entscheider ist dann der „Projektleiter Umsetzung“.

Während der Entscheidungsvorbereitung verengt sich also die Beteiligung im Prinzip, während der Umsetzung erweitert sie sich wieder. Verengen und erweitern auch in dem Sinne, daß die vielen Gesichtspunkte, Alternativen usw. sich zu einer entscheidenden Aussage verdichtet haben und andererseits eine eindeutige Zielvorstellung zu einer Anzahl von Entwicklungsvorhaben und Maßnahmen erweitert wird. Die Entscheidung ist dann das „Nadelöhr“, der kritische Punkt, wo der „Denkweg“ an sein Ende gekommen ist und der „Handlungsweg“ anfängt. Das verweist noch einmal zurück zum Anfang dieses Kapitels: Entscheidung bedeutet eigentlich Krise. Wer die Krise als Herausforderung annimmt, der entscheidet!

Die Aufgabe des Coach ist nicht zu bewirken, wer die Entscheidung nehmen darf oder soll – das ist eine Rechts- bzw. Befugnisfrage – sondern den Coaching-Partner und/oder die zu betreuende Gruppe zu ermutigen und zu befähigen, die Herausforderung anzunehmen und zu Ende zu führen.

Coaching im Management Development

Franz Biehal

Neue Lernformen im Management Development

Management Development, also die gezielte Förderung und Entwicklung von Führungskräften, geht seit einigen Jahren radikal neue Wege. Die bloße Anhäufung von Seminareinheiten zu einem Programm entspricht der Entwicklungsstufe der siebziger Jahre. Mangelnde Verknüpfung mit der eigenen betrieblichen Praxis, geringe Umsetzungswahrscheinlichkeit und methodische Einseitigkeit sind Kennzeichen der mittlerweile überholten Gewohnheiten.

Zeitgemäßes Management Development orientiert sich an folgenden Leitlinien:

- weitgehende Integration von Lernen in seminaristischer Form (off-the-job) und Lernen am Arbeitsplatz (on-the-job)
- umsetzungsorientiertes Projektlernen, das heißt Lernen an konkreten, praxisrelevanten Anwendungsaufgaben
- konsequente Ableitung der Lerninhalte aus der aktuellen und zukünftigen Unternehmenssituation
- Verknüpfung des Lernens mit Vorgesetzten und Arbeitskollegen
- Individualisierung des Lernweges, maßgeschneiderte Abstimmung auf den oder die Adressaten
- Fokus auf Verhaltens- und Persönlichkeitsdimensionen, die allerdings nicht in vornehmlich kognitiver, also seminaristischer Form vermittelt werden, sondern durch Thematisierung des eigenen Alltagshandelns
- kreative Nutzung neuer Lernformen wie Computer Based Training (CBT),

Lernen im Team, Outdoor Trainings, Lernen in Simulationen und Planspielen etc.

- kurze Lernzyklen mit differenzierten Feedbacks zur Feinsteuerung, z. B. durch Self-Assessments, Förder-Assessments, 360-Grad-Feedback etc.
- Lernen von den eigenen Zielgruppen und Kunden durch „Marktforschung im Prozeß", Kundenkonferenzen etc. und Mitsteuerung des Lernprozesses durch diese Stakeholders.

Verknüpfung von Lernen on- und off-the-job

Das tägliche Handeln am Arbeitsplatz soll Thema und Reflexionsebene für das Lernen werden. Die Praxiserfahrungen sollen bewußt gemacht und durch Diagnose und Reflexion einordenbar werden in Konzepte und Modelle. Diese Überleitung kann in beschränktem Maß auch in Seminaren und Workshops erfolgen. Ihre Grenze erfährt sie dort durch die Gruppengröße und die beschränkte Zeit – so wird die Thematisierung der eigenen Praxis sich immer nur auf die Beispiele weniger Teilnehmer beschränken können.

Wirklich ergiebig wird diese Verknüpfung beider Lernformen aber nur, wenn sie kontinuierlich und personenbezogen erfolgt. Damit wird es notwendig, dem einzelnen Menschen Gelegenheit zu geben, seine Praxiserfahrungen, Probleme, Erfolge und Mißerfolge, individuell zu besprechen und dem expliziten Lernen zugänglich zu machen. Diese Anforderung ruft bereits nach der Methodik des Coaching, das genau das ermöglicht: Reflexion des eigenen Alltagshandelns, Durchspielen schwieriger Situationen, Auseinandersetzung mit widersprüchlichen Anforderungen auf individueller, personenbezogener Basis.

Personalisierung des Lernpfades: Jeder Teilnehmer ist ein Projekt

Im Management Development alle über einen Kamm zu scheren, das heißt, jeder Person das gleiche Entwicklungsprogramm zu verordnen, wird dem Individuum und seinen jeweiligen, hochpersönlichen Bedürfnissen nicht gerecht und bringt große Streuverluste mit sich, weil vielen vieles geboten werden muß, was aber für manche denkbar unpassend und überflüssig ist. Bislang scheiterten maßgeschneiderte, individualisierte Lernpfade, die diese Mängel beheben, an der logistischen Undurchführbarkeit und der Befürchtung, ein solches System werde nicht mehr handhabbar und zu aufwendig.

Mittlerweile wurde in vielen Fällen und Praxisbeispielen das Gegenteil bewiesen: individuelle Lernpfade sind sehr wohl auch in großer Zahl zu organisieren, bedeuten einen rationelleren, punktgenauen und daher ökonomischen Mitteleinsatz und heben die Lernmotivation beträchtlich, weil sie der Person und ihren Bedürfnissen in hohem Maß gerecht werden.

Auf diese Art wird jede Teilnehmerin, jeder Teilnehmer eines Management Development Programmes zum Projekt. Einzigartig und unverwechselbar werden

- die individuellen Stärken und Schwächen erhoben
- die persönlichen Lern- und Entwicklungsfelder identifiziert
- der persönliche Lernpfad entwickelt und maßgeschneidert konzipiert
- der Lernfortschritt individuell überprüft und evaluiert
- das Lernprogramm laufend angepaßt.

Persönlichkeitsentwicklung als Katalysator eines Entwicklungsprogramms

Das Anforderungsprofil an Führungskräfte umfaßt mehr Verhaltens- und Persönlichkeitsdimensionen als fachspezifische Kriterien. Dies gilt umso mehr, je höher die hierarchische Position bzw. je generalistischer die Führungsfunktion angelegt ist. Auch der Nutzungsgrad von vorhandenem Fachwissen und von angehäufter Berufserfahrung ist in hohem Maß von dem Multiplikator einiger Persönlichkeitsdimensionen abhängig. Akzeptanz bei höheren Vorgesetzten, bei Mitarbeitern und Kollegen, die Fähigkeit zur Umsetzung und Durchsetzung wird nicht so sehr von Fach-Know-how bestimmt als von Eigenschaften wie Teamfähigkeit, Kommunikations- und Kooperationsvermögen.

Damit wird die Persönlichkeitsentwicklung von Führungskräften zum Engpaßfaktor für den Erfolg ganzer Management Development Programme. Persönliche Eigenschaften fungieren gleichsam als Katalysator, die alle anderen Kompetenzen einer Person erst wirksam werden lassen. Die Abrundung und Weiterentwicklung der Persönlichkeit ist wiederum eine Sache, die in hohem Maß in der Dialogform des Coaching unterstützt und gefördert werden kann.

So verlangen zeitgemäße Anforderungen an ein Management Development Programm die Integration der Lernform Coaching in ein solches Programm. Mit ihrer Hilfe kann

- Lernen on- und off-the-job in idealer Weise verknüpft werden,
- das Lernen individualisiert und für jede Person maßgeschneidert werden,
- direkt und ohne Umwege an der Persönlichkeitsentwicklung gearbeitet werden.

In den folgenden Abschnitten sollen einige konkrete Beispiele aus der Praxis unserer Beratungs- und Begleitungsarbeit dargestellt werden, bei denen Coaching in das Management Development erfolgreich integriert wurde.

Beispiel 1: Förder-Assessment mit integriertem Coaching

Ein als Fördermaßnahme konzipiertes und angewendetes Assessment Center (AC) dient im Rahmen eines Management Development-Programms (MD-Programm) als Potentialanalyse und Standortbestimmung für die Teilnehmer. Es verfolgt folgende Ziele:

- Die Teilnehmer sollen durch die Teilnahme am AC ein klareres Bild über eigene Stärken, Schwächen und Entwicklungsfelder erhalten.
- Die Teilnehmer sollen durch sorgfältig aufbereitetes Feedback der Beobachter ihr Selbstbild mit einem fundierten Fremdbild konfrontieren können.
- Die Teilnehmer sollen durch individuelle Entwicklungsempfehlungen, die sie im Zuge des Feedbacks erhalten, ihren weiteren Lernpfad klar erkennen können.
- Das Unternehmen soll durch die Gesamtergebnisse klare Hinweise für die

weitere Gestaltung und Schwerpunktsetzung des Management Development Programms erhalten.

- Schließlich soll das Unternehmen auch eine Zwischenbilanz über vorhandene Potentiale erhalten, die bei künftigen Stellenbesetzungen berücksichtigt werden sollen.

Die Verknüpfung mit dem nachfolgenden, individuellen und gemeinsamen Entwicklungsweg der Teilnehmergruppe kann durch Coaching in idealer Weise unterstützt und abgesichert werden. Im konkreten Fall eines großen Industriebetriebes rekrutieren sich die Beobachter des Assessments jeweils zur Hälfte aus internen, oberen Führungskräften und aus externen Personalentwicklungs-Experten, die von der Beratungsfirma zur Verfügung gestellt werden.

Jeder Teilnehmer hat während des AC durchgehend ein Beobachter-Duo, das sich aus einem internen und einem externen Beobachter zusammensetzt. Damit ist eine gute Mischung von Vertrautheit mit der vorhandenen Unternehmenskultur und fachlicher Professionalität auf dem Gebiet der Personalentwicklung gewährleistet. Beide Beobachter geben gemeinsam am Ende des AC ausführliches Feedback. Der oder die externe Beobachter ist in weiterer Folge Coach für den jeweiligen Teilnehmer. Aufgabe des Coach ist es, anküpfend an den Ergebnissen und Feedbacks des AC, die weiteren Lernschritte des Teilnehmers zu begleiten und zu unterstützen.

Die Teilnehmer vereinbaren individuell Termine, Frequenz und Häufigkeit des begleitenden Coaching, nehmen dieses aber verbindlich für die Zeit ihrer Teilnahme am Programm in Anspruch. Es bildet Teil ihrer jährlichen Entwicklungsvereinbarung im Rahmen des Mitarbeitergesprächs, und sie liefern den internen Personalentwicklern, die das Programm begleiten, einen jährlichen Bericht über Inhalte und Lernerfahrungen aus diesem Coaching.

Entstanden ist diese Form des Coaching als „verlängertes Feedback“ ursprünglich durch zahlreiche Nachfragen von Teilnehmern eines MD-Programms, die von sich aus vertiefende Follow-up Gespräche mit ihren Beobachtern gesucht hatten. Ergiebige, sorgfältige und aussagekräftige AC-Feedbacks sind der ideale Anknüpfungspunkt für eine solche Weiterführung. Ein gutes AC-Feedback ist nämlich bereits als Coaching-Gespräch angelegt und führt damit dem Teilnehmer Form und Nutzen eines solchen Gesprächs deutlich vor Augen.

Nach unseren Erfahrungen werden diese Coachings in unterschiedlichem Ausmaß in Anspruch genommen, wenn sie auf freiwilliger Basis angeboten werden – auch daraus mag rückgeschlossen werden, wie konsequent und ernsthaft jemand sein persönliches Lernen in Angriff nimmt. Sind sie jedoch für die Zeit des MD-Programms ein integrierter Bestandteil, so kann auf diesem Weg eine durchgängige Coaching-Kultur, zumindest unter den Nachwuchs-Führungskräften, etabliert werden.

Beispiel 2: Integriertes Management Development Programm mit Mentoring und Coaching

Im Top Management Development eines internationalen Konzerns der Investitionsgüterbranche werden Nachwuchskräfte auf Geschäftsführer- und Vorstandspositionen vorbereitet. Nach einer detaillierten Potentialanalyse nehmen sie an drei Lernpfaden teil:

- gemeinsame Veranstaltungen für die gesamte Gruppe, die sich meist mit konzernaktuellen und zukunftsweisenden Themen beschäftigen – meist in Form von Workshops, an denen auch Mitglieder des gegenwärtigen Top Managements des Konzerns teilnehmen
- individuelle Weiterbildungsmaßnahmen für jeden einzelnen Teilnehmer – z. B. Spezialkurse zu Fachthemen oder Internationale General Management Programme
- kontinuierliches Einzelcoaching durch einen externen Berater, meist dieselbe Person, die auch als Beobachter und Feedbackgeber bei der Potentialanalyse fungierte – Themen sind Rolle und Selbstverständnis als Führungskraft, Umgang mit schwierigen Situationen und Krisen etc.

Zusätzlich bearbeiten die Teilnehmer eine Projektaufgabe, deren Thema aus einem Pool konzernstrategisch relevanter Fragestellungen ausgewählt wird. Dazu bekommt jeder Teilnehmer einen Mentor – ein Vorstandsmitglied einer der Konzerngesellschaften – der nicht sein eigener Linienvorgesetzter sein soll. Der Mentor wird nach dem Erfahrungshintergrund in bezug auf das Projektthema ausgewählt und betreut den Teilnehmer in inhaltlichen und fachlichen Fragen.

Mit dem Coach kann der Teilnehmer natürlich auch die methodische, taktische oder prozessuale Seite seiner Projektaufgabe thematisieren. Auf diese Art ist jeder Teilnehmer in eine umfassende, integrierte Lernerfahrung eingebettet. Gesteuert wird diese durch einen Kontrakt, eine Entwicklungsvereinbarung, die er mit seiner Linienführungskraft unter Mitwirkung des zuständigen Personalentwicklers abschließt und regelmäßig im Rahmen eines Mitarbeitergespräches evaluiert und aktualisiert.

Die Erfahrung mit diesem Programm zeigt Stärken und Schwächen auf:

- die Teilnehmer werden intensiv auf ihre zukünftige Führungsaufgabe vorbereitet

- die Teilnehmer fühlen sich individuell behandelt und nicht über einen Kamm geschoren, wozu Coaching und die individuellen Entwicklungsvereinbarungen wesentlich beitragen

- durch die regelmäßige Teilnahme des gegenwärtigen Top Managements entstehen zusätzliche, wertvolle Lernchancen durch die Weitergabe von Erfahrungen

- die Intensität des Programms und Teilnahme des Top Managements vermittelt eine hohe Wertschätzung für die Teilnehmer, was in großer Motivation resultiert

- die meisten Teilnehmer werden von ihrem sonstigen Tagesgeschäft nicht entlastet und erleben das intensive Programm als Zusatzbelastung, das sie mitunter an die Grenzen ihres Leistungsvermögens bringt

- die „Wartung“ und Betreuung des Programms erfordert beträchtlichen Aufwand, z. B. sicherzustellen, daß alle individuellen Entwicklungsvereinbarungen auch tatsächlich abgeschlossen werden und in konkrete Maßnahmen übergeleitet werden.

Es erweist sich als sinnvoll, die Verweildauer eines Teilnehmers in diesem Top Management Programm auf etwa drei Jahre zu beschränken. Erstens ist die zeitliche und energetische Zusatzbelastung auf längere Dauer nicht zumutbar, zweitens sollten in einem solchen Zeitraum ohnehin neue Funktionen übernommen werden, damit keine „Dauerparker“ in einem solchen Programm angehäuft werden. Daraus ergibt sich, daß die Gesamtzahl der Teilnehmer sorgfältig auf die Anzahl der Top Positionen abgestimmt werden muß, die in absehbarer Zeit wahrscheinlich zu besetzen sind. Aus der Alterspyramide, Erfahrungswerten der Fluktuation, einer Abschätzung des Konzernwachstums, der Politik von Akquisitionen und Austöchterungen läßt sich ein solcher Wert genau genug ermitteln.

Die Steuerung des Neuzugangs in eine solche Gruppe, also das Auffüllen oder Erweitern, kann über jährliche Potentialanalysen als Eingangsvoraussetzung gut dosiert werden. In dem hier angeführten Beispiel wuchs diese Gruppe von anfänglich etwa 30 im Lauf einiger Jahre auf an die 50 Teilnehmer.

Beispiel 3: Berufsbegleitendes Curriculum mit Einzelcoaching

Eine weitere, aus unserer Erfahrung erfolgreiche Kombination von Lernen und Coaching stellt das begleitende Einzelcoaching in berufsbegleitenden Aus- und Weiterbildungs-Lehrgängen dar. Als Beispiel sei hier die *PE-Werkstatt*[1], ein Zertifikatslehrgang für Personalentwickler der TRIGON Entwicklungsberatung angeführt.

Auch hier erfolgt Lernen auf verschiedenen Pfaden:

- in den fünf einwöchigen **Modulen** wird Überblickswissen vermittelt, werden Konzepte, Modelle, Beispiele dargestellt und diskutiert, werden Methoden und Instrumente der Personalentwicklung vermittelt und praktisch erprobt, wird in Rollenspielen, Fallstudien und Teamaufgaben Anwendungswissen erworben

- zahlreiche Gastreferenten vermitteln anschauliche **Praxiserfahrungen,** die sich nicht bloß auf Schönwetterberichte beschränken, sondern den Umgang mit Hindernissen und Widerständen ebenso behandeln

- jeder Teilnehmer arbeitet in einer kleinen Gruppe von zwei bis vier Personen während der zehnmonatigen Laufzeit der Werkstatt an einem **Meisterstück**, das ein konkretes Umsetzungsprojekt in einer der Unternehmen oder Organisationen der Teilnehmer ist; hierbei wird, mitunter auch in einer anderen Unternehmenskultur, Anwendungserfahrung gesammelt

- die regelmäßige Reflexion der Meisterstück-Arbeit erfolgt in jedem Modul in Form einer **Projektsupervision,** bei der eine kritische Evaluation der Vorgangsweise erfolgt und ausführliches Feedback für die Teilnehmer gegeben wird; dabei werden auch Generalisierungen der Erfahrungen vorgenommen und auf ihre Übertragbarkeit überprüft.

---

1 Weitere Lehrgänge von TRIGON mit gleichartiger Struktur: OE- und Coaching-Werkstatt

- **Einzelcoaching** im Mindestumfang von fünf Einzelstunden erlaubt die intensive Auseinandersetzung mit der eigenen Berufsrolle, mit eigenen Stärken, Schwächen, Lern- und Entwicklungsfeldern; aktuelle Fragen und Problemstellungen aus dem eigenen Arbeitsgebiet oder dem Meisterstück können ebenso thematisiert werden

- eine weitere Lernebene bildet die **Steuergruppe,** die in jedem Modul Mitverantwortung trägt für Inhalt und Gestaltung des gemeinsamen Lernens; diese Gruppe bringt Übungen ein, führt Tages- und Wochenevaluationen durch und setzt in Abstimmung mit dem Lehrgangsleiter und den Gastreferenten Schwerpunkte.

Die angebotenen und im Lehrgang als fixer Bestandteil enthaltenen Coaching-Stunden werden gerne und intensiv in Anspruch genommen. Dabei wird eine große Bandbreite von Themen angesprochen, die zur beruflichen und persönlichen Orientierung dienen, die aktuelle Konflikte und Verhaltensmuster bearbeitbar machen, die konkrete Projekte und Vorhaben nach verschiedenen Gesichtspunkten ausleuchten und die Arbeitsbeziehungen thematisieren.

Eine Reihe dieser Themen eignen sich auch für die gemeinsame Bearbeitung im Plenum oder in anderen Arbeitsformen in den Modulen – sie finden dort auch entsprechend Raum. Die weitergehende, ganz persönliche Vertiefung erfolgt aber zeitökonomischer und diskreter im Coaching-Einzelgespräch. Dort kann unter dem Schutz der absoluten Vertraulichkeit des Coaching-Partners jede Frage ohne Vorbehalte zum Thema gemacht werden.

Unsere mittlerweile vieljährige Erfahrung mit diesem Konzept zeigt, daß damit die gemeinsame Arbeit in den Modulen von individuellen Problemen, Fragestellungen und Bedürfnissen nicht übermäßig belastet und damit überfrachtet wird. Das erlaubt effizientes Fokussieren auf inhaltliche Fragen von gemeinsamem Interesse, ohne daß jemand das Gefühl haben muß, mit den höchstpersönlichen Anliegen zu kurz zu kommen. Wir können aus dieser Erfahrung das begleitende Einzelcoaching für jede mehrphasige Lernveranstaltung nur empfehlen, wenn dabei die Vermittlung fachlichen Anwendungswissens im Vordergrund stehen soll und trotzdem die damit verbundenen Fragen von Rolle, Selbstverständnis und persönlichem Umgang mit den angebotenen Themen Würdigung finden sollen.

Beispiel 4: Coaching als singuläre Entwicklungsmaßnahme unter Zeitrestriktion

Bei oberen und obersten Führungskräften mit großem Verantwortungsbereich scheitert systematisches Management Development oft daran, daß es als unmöglich angesehen wird, mehrere Tage für eine Seminar abwesend zu sein oder daß häufige Reisetätigkeit oder kurzfristig notwendige Verfügbarkeit die geplante Teilnahme an einer Weiterbildungsveranstaltung unmöglich macht. Es ist meist auch müßig, darüber zu argumentieren, ob all die angeführten Gründe bloß Vorwand sind und einer inneren Abwehr gegen Lernen und Weiterbildung entspringen oder ob hier objektive Hinderungsgründe vorliegen.

Die beiden höchsten Führungsebenen eines großen internationalen Anlagenbauers sitzen, so scheint es, tatsächlich einen guten Teil ihrer Arbeitszeit im Flugzeug oder vor Ort beim Kunden in jeder erdenklichen Weltgegend. Der wiederholte Versuch, individuelle Entwicklungsvereinbarungen in konkrete Teilnahmen an Seminaren, Workshops oder anderen Veranstaltungen überzuleiten, endete allzuoft in kurzfristigen Absagen, weil „ein wichtiges Kundenproblem dazwischenkam“. So suchten wir gemeinsam mit diesem Klienten nach einem Ausweg, der wenigstens ein Mininum an Management Development, dieses aber sicher und kontinuierlich, bieten würde.

Wir landeten beim individuell vereinbarten Einzelcoaching, bei dem weder längere Abwesenheiten notwendig waren, noch Reisezeiten zu Seminarorten anfielen. Für einen Eineinhalbstunden-Termin findet auch der meistbeschäftigte Manager Zeit, noch dazu fallen Berührungsängste mit anderen Seminarteilnehmern weg, die ja störend sein könnten. Natürlich gibt es auch bei den Coaching-Terminen kurzfristige Absagen und Terminverschiebungen, aber mit der nötigen Dichte und Frequenz vereinbart und mit einiger Flexibilität auch auf seiten des Coach, bleiben doch genügend Gespräche, um kontinuierlich an der eigenen Weiterentwicklung zu arbeiten.

Der große Vorteil eines solchen „sanften“ Zugangs zur Weiterbildung ohne den Zwang drohender Seminartermine: man kann beim Coaching sehr schön auch die vermeintlichen oder realen Zwänge, die jemand treiben, zum Thema machen und damit auch einen anderen Umgang mit der Zeit, der eigenen Unersetzlichkeit, der Prioritätensetzung in Gang bringen. In nicht wenigen Fällen ist es auf diese Art gelungen, notorische Verweigerer jedwelcher Weiterbildungsveranstaltungen doch für solche zu motivieren – Coaching als Einstiegshilfe, als Schuhlöffel für jene, denen die Rahmenbedingungen klassischer Bildungsveranstaltungen als zu eng erscheinen. Coaching auch als adäquate Lernform für all jene, die ihre eigene Bedeutung und Unabkömmlichkeit sehr hoch einschätzen und durch die individuelle Betreuung und Zuwendung des Coach jene Wertschätzung erfahren, die sie gewohnt sind und die ihnen unentbehrlich geworden ist. So gesehen, sollte jeder Personalentwickler Coaching im Angebotsrepertoire haben, um Zugang zu allen Zielgruppen in der eigenen Organisation zu finden.

Coaching: Ein Instrument der Unternehmensentwicklung

Hans Glatz/Martin Lamprecht

Einleitung

„Ich habe unsere Führungskräfte auf viele Seminare geschickt. Meistens kommen sie voll von neuen Ideen zurück. Leider müssen wir meistens feststellen, daß diese unter dem Druck des Alltagsgeschäftes bald verblassen und sich langfristig nicht wirklich was ändert“, klagt ein Personalmanager eines größeren österreichischen Industriebetriebes. „Ich frage mich, was meinen Führungskräften eine effektive Unterstützung bei der Umsetzung ihrer Ideen und Ziele bieten könnte.“

Eine anders als seminaristische, meist langfristigere Begleitung, oft unter dem amerikanischen Begriff „Coaching“zusammengefaßt, wird immer öfter zum Thema bei Entwicklungsprogrammen und bei Veränderungsprozessen. Was ist es nun, dieses Coaching, für das es scheinbar keinen adäquaten deutschen Begriff geben will? Ist es tatsächlich ein neues Instrument der Personal- und Organisationsentwicklung, das durch eine besondere Qualität Veränderungen rascher und effektiver in Gang bringt? Oder ist es eben nur eine weitere Modeerscheinung der Managementforschung, wie sie regelmäßig auftauchen und hauptsächlich Berater beschäftigt halten? Wir durchleuchten dieses Thema im folgenden kritisch und bieten konkrete Beispiele und praktische Methoden an.

Warum Coaching?

Ein Geschäftsführer eines mittelgroßen Familienunternehmens ist verzweifelt. Der Leiter des Rechnungswesens nahm seine Führungsfunktion einfach nicht wahr. Er war fachlich äußerst kompetent, in der Führung seiner Abteilung von 5 Mitarbeitern hatte er Angst, Konflikte anzusprechen und konstruktiv auszutragen. Auch konnte er sich gegen zwei starke Persönlichkeiten nicht durchsetzen. „Die Lage eskalierte", so der Geschäftsführer. „Die zwei starken Mitarbeiter gaben den Ton in der Abteilung an und machten was sie wollten. Trotz wiederholter Aufforderung, die Sache unter Kontrolle zu bringen, schien der Leiter des Rechnungswesens hilflos. Es war nicht so, daß er nicht wußte, was zu tun wäre, es war einfach nicht sein Naturell, fest durchzugreifen."

Beispiele wie diese sind uns in unserer Beratungstätigkeit unzählige Male erzählt worden. Sie enden üblicherweise mit Frustration der Betroffenen, unterdrückten Konflikten, Machtspielen, Spaltungen im Team, Versetzungen und nicht selten mit Personalfluktuation. Die Kosten für das Unternehmen, sowohl finanziell als auch emotionell, sind hoch. Manchmal wird versucht, die Führungskraft zu schulen. In unserem Beispiel wurde der Leiter des Rechnungswesens auf Führungstrainings geschickt, besuchte Konfliktseminare. Der Erfolg war nur eingeschränkt. Warum? Er hatte zwar die theoretische Fähigkeit, konnte sie jedoch nicht umsetzen. Es war eben nicht „sein Naturell". Die Schulung von Fähigkeiten ändert das Naturell selten. Psychotherapie anzubieten ist trotz nachweisbarem Erfolg in der Entwicklung der Persönlichkeit im unternehmerischen Kontext Tabuthema und wird fast immer als Beleidigung aufgefaßt. Intuitiv kommt als Nachricht an, „Sie sind als Person nicht in Ordnung" (im Gegensatz zu allen anderen), worauf üblicherweise mit schamvoller Aggression reagiert wird. Also resignieren Vorgesetzte wie Mitarbeiter seufzend vor dem Naturell, das in der Führungsaufgabe zumindest teilweise nicht funktional ist, und alle sind unglücklich.

Trotzdem sind sich viele Seminarveranstalter, Führungskräfte und Autoren von Managementliteratur einig, daß gerade heute nicht die Fachkompetenz alleine ausschlaggebend ist. Soziale Kompetenz wie Führungskompetenz sind absolute Notwendigkeiten und mindestens gleich hoch zu bewerten. Also werden Nachwuchs wie gewachsene Führungskräfte auf persönlichkeitsbildende und sozialkompetenz-erhöhende Workshops gesandt, und es wird erwartet, daß dort 40 Lebensjahre Entwicklungs-geschichte flugs vergessen gemacht werden können. Wir glauben, daß das kaum möglich ist. Irgendeine Brücke zwischen Hilflosigkeit und Therapie muß es doch geben, und wir glauben, daß sich Coaching dafür anbietet.

Coaching ist ein längerfristiger Begleitprozeß, wo an den geistigen und emotionalen Blockaden gearbeitet wird, die einer aktiven Veränderung entgegenstehen. Ängste können thematisiert werden, man kann riskieren verletzlich bzw. nicht Herr der Lage zu sein und sich mit den eigenen Unsicherheiten auseinandersetzen. Man kann Anworten suchen, ohne sie gleich wissen zu müssen. Man wird nicht kritisiert, leistungsbeurteilt, zielgesetzt oder verliert die Erfolgsprämie oder das Gesicht. Man kann ohne Leistungsdruck im „See der eigenen Ressourcen fischen“, sich selbst besser verstehen lernen und Unterschiede im Wollen, Können und Dürfen hinterfragen. Und das in einer der Unternehmenskultur angepaßten Form, ohne die Angst, durch therapeutische Regressionen die Würde zu verlieren.

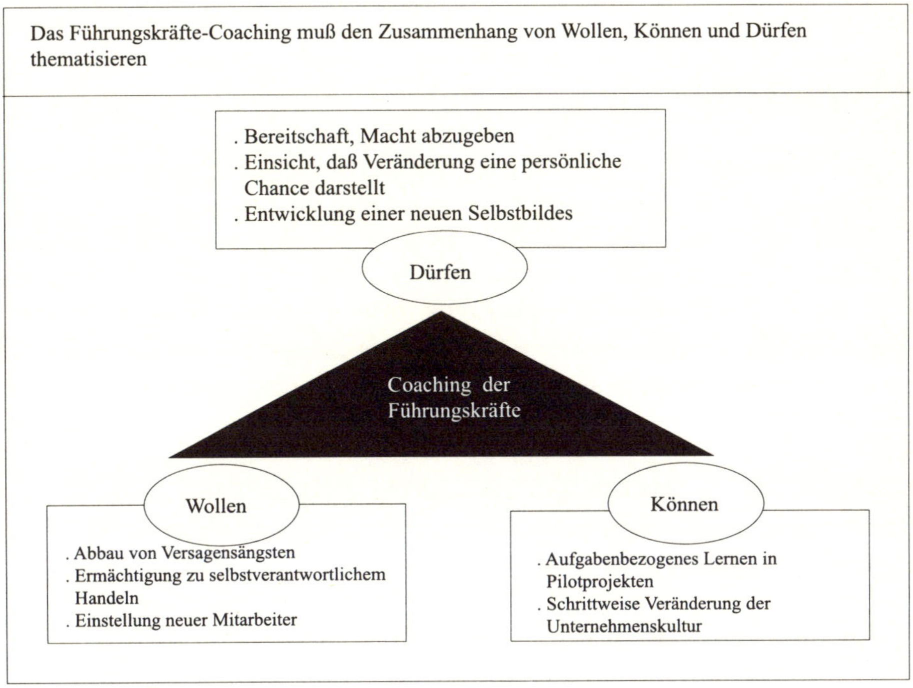

Abb. 1: Zusammenhänge im Coaching
Quelle: H. G. Servatius (1994)

Wir behaupten: Coaching ist Hilfe zur Selbsthilfe!

Das heißt: Der Coach gibt keine Problemlösungen, sondern hilft durch gezielte Fragen oder andere später beschriebene Methoden, eine Findung der Lösung beim Coachee (Coaching-Kunde) anzuregen. Während beim Training neue Fertigkeiten gelehrt und geübt werden, unterstützt Coaching den Coachee bei der Umsetzung und Anwendung von Fähigkeiten und des kognitiven Wissens in speziellen, schwierigen, neuen Situationen. Coaching leistet Hilfe bei der Orientierung in neuen Situationen und gibt Anwendung-/Umsetzungsunterstützung. Es setzt voraus, daß der Coachee die wesentlichsten Potentiale und Fähigkeiten, um in der neuen Situation zu bestehen, mitbringt. Coaching ist bestrebt, die Selbständigkeit des Coachee zu erhöhen und vermeidet alles, was diesen abhängig macht.

Im folgenden wollen wir anhand von zwei Beratungsprojekten aufzeigen, wo und wie wir Coaching eingesetzt haben, welche Überlegungen uns geleitet haben und welche methodischen Erfahrungen wir daraus gewonnen haben.

Praxisbeispiel: Coaching in einem Entwicklungsprogramm für Führungskräfte

In einem österreichischen Produktionsbetrieb haben wir gemeinsam mit der Personalabteilung ein Entwicklungsprogramm für Nachwuchskräfte entwickelt. Das Grundkonzept: Die Nachwuchskräfte besuchen einerseits Seminare, andererseits sind deren Führungskräfte vom Vorstand beauftragt, begleitendes Coaching durchzuführen. Ziel für das Coaching ist die Umsetzung des Erlernten zu ermöglichen und an individuell unterschiedlichen Entwicklungsthemen mit jeder Nachwuchskraft zu arbeiten. Wir möchten anhand dieses Beispiels unser Verständnis über die Vorgehensweise beim Coaching näher erläutern.

Wir differenzieren in einem Coachingprozeß vier Phasen:

1. Kontraktgespräch über das gesamte Coaching

2. Zielvereinbarungen für jede Coachingsitzung

3. Gestaltung der einzelnen Coachingsitzungen

4. Reflexion des gesamten Coachingprozesses

1. Kontraktgespräch

Zu Beginn des Coaching geht es darum, die Form der Coachingbeziehung zu klären. Meist bestehen unterschiedlichste Vorstellungen zwischen Nachwuchskraft und Führungskraft darüber, wieviel Zeit, in welcher Regelmäßigkeit, mit welcher Priorität und in welcher Vertraulichkeit diese Gespräche stattfinden sollen. In unserem Beispiel des Produktionsbetriebs maßen die Nachwuchskräfte dem Coaching sehr hohe Bedeutung zu. Es bot doch die Möglichkeit, intensiv von und mit der Führungskraft zu lernen. Die Führungskraft hat jedoch ganz andere Probleme und ein Bereichsleiter bringt die Situation auf den Punkt: „Mein Vorstand verlangt zwar, daß ich coache, wenn's dann um meine Leistungsbeurteilung geht, werde ich sicher nicht gefragt, wieviele Coachingstunden ich gehalten habe. Ich werde vielmehr danach beurteilt, ob ich meine Umsatzziele erreicht habe." Wir halten es für wichtig, daß die reale Situation deklariert wird und so sein darf, wie sie ist. Anderenfalls kommt es zu Absichtserklärungen oder Lippenbekenntnissen, die nie eingelöst werden können, was fast immer zu Enttäuschungen und Frustrationen beiderseits geführt hat.

In unseren Anleitungen zum Kontraktgespräch erscheint es uns daher besonders wichtig, potentielle Spannungsfelder der Bedürfnisse und Unternehmenssituation zu diskutieren und eine realistische Vereinbarung zur Coachingbeziehung zu treffen. Das Kontraktgespräch ist also ein Verhandlungsprozeß zwischen Coach und Coachee, bei dem Einigkeit zu folgenden Themen gefunden werden soll:

Was sind die Zielsetzungen und Kernthemen für den gesamten Coachingprozeß?

Wir unterscheiden dabei grundsätzlich drei Formen von Coaching für unterschiedliche Anlässe:

- Beim situationsbezogenen Coaching ist das Ziel, für eine bestimmte Situation erfolgreiche Handlungsmöglichkeiten zu erarbeiten. Das kann eine schwierige Verhandlungssituation mit einem Kunden sein oder die Vorbereitung einer weitreichenden Entscheidung. In einer vereinbarten Anzahl von Coachingsitzungen wird die Situation beleuchtet und eine Begleitung bei der Erarbeitung von Lösungen geboten.

- Beim rollenbezogenen, begleitenden Coaching erfolgen üblicherweise in regelmäßigen Abständen (in der Regel alle 2–4 Wochen) über eine gewisse Zeit (3–6 Monate) Coachingsitzungen, in denen Situationen des Führungsalltags besprochen und bearbeitet werden. Es kann zum Beispiel darum gehen, sich rasch in eine neu übernommene Führungsaufgabe einzuleben oder seine Rolle als Projektleiter besser auszufüllen. Jede Coaching-Sitzung ist auf die Situation der Führungskraft zum gegebenen Zeitpunkt fokussiert. Die Zielvereinbarung erfolgt zu Beginn jeder Sitzung. Durch konsequente Bearbeitung von alltäglichen Führungserlebnissen über eine längere Zeit entstehen erweiterte Handlungsspielräume und bewußte Reflexion des eigenen Verhaltens als Führungskraft.

- Dem entwicklungsorientierten Coaching liegt meistens irgendeine Diagnose der Entwicklungsfelder des Coachee zugrunde, in welcher er Feedback über Stärken und Schwächen in der Ausübung seiner spezifischen Aufgaben erhielt. Diese Diagnose gilt dann als Ausgangsbasis für das Coachingprogramm. In unserem Beispiel des Produktionsbetriebes erfolgte diese Diagnose durch ein strukturiertes Feedback an die Nachwuchskraft seitens deren Führungskraft sowie einigen Untergebenen und Kollegen (360¡ Feedback). Einige Entwicklungsfelder eigneten sich zur Bearbeitung in der Coachingbeziehung, andere wurden durch Projektarbeiten oder Ausbildungskurse bearbeitet.

Welche Erwartungen hatten Coach/Coachee über ihre Rollen?

„Ich erwarte mir Hinweise und Lösungen für Probleme, bei denen ich nicht weiterkomme. Ich will auch, daß Sie Ihre Beziehungen für mich einsetzen und mir helfen, einen Karrieresprung zu machen. Weiters will ich Ihnen zeigen, wie kompetent ich bin, so daß Sie mich schätzen und ich der Star in Ihrer Abteilung bin“.

Wir vermuten, daß dies oder ähnliches die größtenteils unausgesprochenen Erwartungen der Nachwuchskräfte in unserem Produktionsbetrieb sind. Im Prinzip enthält dies sehr viele „Fallen“, die da auf einen Coach warten, da die eigentliche Entwicklung meist mit ganz anderen Bedürfnissen vermischt ist. Besonders in unserem Fall, wo die eigene Führungskraft der Coach ist, entsteht bei manchen Coachees die paradoxe Situation des Hin- und Hergerissenseins zwischen „lernen wollen“ (= Schwächen zugeben) und „Eindruck machen zu wollen“ (= Schwächen verbergen).

Die Erwartungen der Coaches hingegen können folgendermaßen aussehen: „Ich will einmal wissen, was die Basis denkt. Ich will erfahren, was so hinter den Kulissen meiner Abteilung los ist. Ich will auch wissen, ob sich mein Coachee als nächster Abteilungsleiter eignet, ob ich ihn zur Führungskraft über die Arbeitsgruppe X machen kann. Ich will den auch einmal besser kennen lernen, wie er eigentlich wirklich so ist. Eigentlich will ich, daß mein Coachee nicht so begriffsstutzig und bockig ist und die Dinge endlich so macht, wie ich es will.“

Im Kontraktgespräch gilt es, möglichst vieler dieser unausgesprochenen Bedürfnisse bewußt zu machen und die Rollen für die Coachingbeziehung zu klären. „Ich als Ihr Coach werde Ihnen kaum Lösungen anbieten. Vielmehr werde ich Sie durch Fragen ermutigen, Ihre eigenen Lösungen zu finden." Je klarer ist, wie sich jeder einzelne die Zusammenarbeit vorstellt, desto weniger wird es später Enttäuschungen geben. Es verlangt auch viel Disziplin von Coach und Coachee, sich der eigenen emotionalen Bedürfnisse bewußt zu sein und deren Einfluß auf das eigentliche Ziel von Coaching, nämlich Entwicklung, zu berücksichtigen.

Welche Struktur gaben wir den Coachingsitzungen (Dauer, Ort, Häufigkeit)?

Der strukturelle Rahmen ist oft das Rückgrat der Coachingbeziehung, der dafür sorgt, daß es nicht bei einmaligen halbherzigen Versuchen bleibt. Es ist notwendig zu klären, wer die Coachingsitzungen initiiert, wo sie stattfinden, wie die Termine festgelegt werden und wieviele Sitzungen in Summe angestrebt werden. In unserem Produktionsbetrieb wurden die Sitzungstermine in der Sitzung für das nächste Mal vereinbart, starre Vereinbarungen wie „jeden Dienstag, 18.00–20.00 Uhr" waren nicht einhaltbar. Die Sitzungen fanden monatlich bis vierteljährlich statt, und die Initiative ging vom Coachee aus. Als Ort wurde ein Besprechungszimmer vereinbart, nicht das Zimmer des Chefs, um bewußt zu signalisieren „heute geht's nicht ums Tagesgeschäft".

Welche Spielregeln vereinbarten wir in bezug auf Grenzen, Verbindlichkeit, Vertraulichkeit?

Hier gilt es zu klären, wie mit heiklen Situationen umgegangen wird und vor allem, wo die Grenzen der Vertraulichkeit sind. Wie wird mit privaten, mit entwicklungsgeschichtlichen oder familiären Themen umgegangen? Manchmal fordern Coaches unbedingte Offenheit zu allen Lebensthemen. „Nur wenn der Coachee alles mit mir bespricht, kann ich sie/ihn auch wirklich wirksam unterstützen." Wir teilen diese Ansicht nicht. Unserer Auffassung nach beschränkt sich Coaching auf jenen Teil des Lebens, der die Führungsfunktion (oder das professionelle Wirken) betrifft. Es geht im Coaching nicht darum, Eheprobleme zu diskutieren oder Laienpsychotherapie zu betreiben. Tiefer sitzende charakterstrukturelle Themen und unauflösbare Probleme im Privatleben sind unserer Differenzierung nach Inhalte der Psychotherapie und übersteigen den Rahmen des Coaching.

2. Zielvereinbarung

Hier geht es darum, die Grobziele des Kontraktgesprächs nochmals zu spezifizieren. In unserem Beispiel erfolgte die Zielvereinbarung für das Coaching anhand der schriftlichen Feedbacks an die Nachwuchskraft. Führungskraft und Nachwuchskraft diskutierten die Rückmeldungen gemeinsam und einigten sich auf Kernthemen, auf die sich das Coaching beziehen sollte.

Beim Denken in Zielen ist es wichtig, zwischen ENDzielen und ETAPPENzielen zu unterscheiden.

Endziel unseres Leiters des Rechnungswesens könnte etwa sein, seine Abteilung wie ein Unternehmer zu führen, leistungsorientiert, flexibel und innovativ. Auf dem Weg dahin müssen für ihn konkrete, erreichbare Zwischenziele stehen, wie Konflikte produktiv zu bereinigen, Autorität aufbauen, Zeit für die Führungsarbeit einplanen usw. Das Endziel liefert die Inspiration und Motivation, die Etappenziele bestimmen die einzelnen Schritte.

Um ein nicht kontrollierbares Endziel auf kontrollierbare Etappenziele zu stützen, müssen diese Ziele SMART sein. SMART steht für:

S – Spezifisch und situationsbezogen

M – Meßbar in Quantität und Qualität

A – Attraktiv und herausfordernd

R – Realistisch und bei Anstrengung auch erreichbar

T – Termingerecht, mit klarem Zeitplan

Der Coach und sein Partner verwenden jeweils die erste Zeit jeder Sitzung, um gemeinsam festzustellen, welches Ergebnis das Gespräch jeweils haben soll und eine SMARTe Zielvereinbarung zu treffen.

3. Ablauf der Coachingsitzungen

Als Coach unterstütze ich den Partner, der seine Kernqualitäten und Fähigkeiten zielstrebig und engagiert entwickeln will. Ich rege an, konfrontiere und setze mich für eine klare Gesprächsstruktur ein. Ratschläge und Anweisungen zu erteilen, ist nicht meine Aufgabe. Wichtig ist, immer vor Augen zu haben, was Coaching bezweckt:

- Bewußtsein und Ich-Bewußtsein beim Coachee schaffen; Bewußtsein ist, zu wissen, was um mich herum geschieht. Ich-Bewußtsein im Sinne von Selbstreflexion ist zu wissen, was ich erlebe und erfahre. Nimmt der Rechnungswesenleiter die Situation wirklich wahr oder muß er sich zuallererst mit den relevanten Fakten und Anforderungen auseinandersetzen? Solange er seine Führungsaufgabe nicht wirklich sieht, wird sich gar nichts ändern. Ich-Bewußtsein schaffen, müßte für ihn heißen, sich mit den Fragen auseinanderzusetzen: „Was hindert mich, meine Fachaufgaben zugunsten der Führungsaufgaben zurückzunehmen?", Was würde passieren, wenn ich wirklich führe?", „Was gewinne ich, was müßte ich aufgeben?"

- Verantwortlichkeit entwickeln, Verantwortungsübernahme fördern. Ich als Rechnungswesenleiter habe die Wahlmöglichkeit. Ich kann aktiv oder reaktiv handeln und in diesem Fallbeispiel die Führung als Gestaltungsaufgabe annehmen, mich wie bisher aufs Reagieren beschränken oder auch die Führungsrolle wieder abgeben. Der Coach kann diesen Klärungsprozeß fördern. Ein Coaching, das nicht zu sicht- und spürbaren Konsequenzen beim Coachee führt, hat sein Ziel verfehlt.

Wie gehe ich als Coach nun konkret vor, um Bewußtsein und Verantwortung in jeder Sitzung zu erreichen? Eine geistige Landkarte, um durch die jeweilige Sitzung zu steuern, stellt die folgende Abbildung dar:

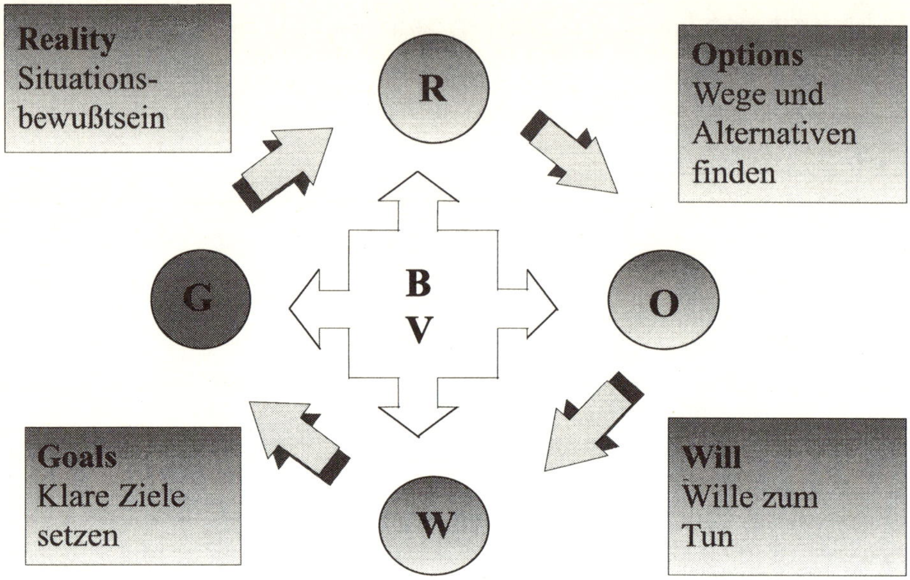

B = Bewußtsein, V = Verantwortung
Abb. 2: G.R.O.W. Modell von John Whitmore (1995)

Schauen wir am Beispiel unseres Leiters des Rechnungswesens, wie uns das Modell helfen kann.

- ***G – Goals (Ziele) festlegen:*** *Ist bei unserem Rechnungswesenleiter das Bewußtsein für eigene Lernziele vorhanden? Für längerfristige Entwicklungsziele und kurzfristige Lernziele? Lassen Sie ihn diese formulieren.*

- ***R – Realität ausleuchten:*** *Ist die Ausgangslage, sind die Anforderungen klar? Was hat er bisher schon probiert – mit welchem Erfolg? Worin bestehen die Veränderungshindernisse? Es geht hier darum, nicht im Sinne eines falsch verstandenen „positiven Denkens" zu rasch an konkrete Maßnahmen heranzugehen und in einen Aktionismus zu verfallen, im Sinne des vom bekannten österreichischen Kabarettisten Qualtinger stammenden Spruches: „i was zwar net, wo i hin will, aber dafür bin i schneller dort".*

- ***O – Optionen, Möglichkeiten erkunden:*** *Welche Möglichkeiten hat unser Leiter? Kann ich ihm als Coach helfen, sein Betrachtungsfeld zu erweitern, etwa, daß er bei Konflikten nicht automatisch immer die Option „Flucht" wählt, sondern andere, möglicherweise adäquatere Formen wie Auseinandersetzung und Konfliktbewältigung?*

- ***W – Wille, Umsetzungsschritte setzen:*** *Was ist unser Rechnungswesenleiter tatsächlich bereit zu tun? Entspricht das den formulierten Zielen? Was ist der erste Schritt, was die folgenden? Wie wird er mit den Hindernissen umgehen?*

4. Auswertung und Reflexion des Coachingprozesses

Die Auswertung von Coachingaktivitäten sollte auf drei Ebenen erfolgen:

- Nach jeder Einheit zwischen Coach und Coachee: Kurz auswerten, wie sie den Gesprächsverlauf jeweils erlebt haben. Störungen, Abweichungen und Bedenken sollten von beiden Seiten offen angesprochen werden, um die Arbeits- und Vertrauensbeziehung zu stärken. Es liegt am Coach, diese qualitätssichernde Maßnahme nicht zu vergessen.

- Persönliche Reflexion der Coachinggespräche durch den Coach, etwa in einer Supervision. Fragen sind:
– Beziehung: Wie schaffe ich Vertrauen? Welche Art von Beziehung schaffe ich?
– Zielformulierung: Wie klar und zielorientiert ist das Gespräch?
– IST-Situation beleuchten: Wie lange und genau erforschen Sie die Lage, bevor Sie zu den Lösungsmöglichkeiten kommen? Wie prüfen Sie, ob Sie die Situation richtig verstanden haben?
– Lösungsfindung: Wo übernehmen Sie das Problem des Coachee? Wo erteilen Sie Ratschläge? Wie erweitern Sie die Möglichkeiten des Klienten? Wie sehr berücksichtigen Sie das Umfeld?
– Umsetzung: Wie konsequent sind Sie in bezug auf die Handlungsorientierung? Überprüfen Sie getroffene Vereinbarungen?

Hilfreich wird für den Coach sein, wenn er sich von jedem Gespräch kurze Notizen macht: Datum der Sitzung, Inhalte, Themen, Vereinbarungen und spezielle Bemerkungen.

- Reflexion des gesamten Coachingprozesses nach Ende eines Coachingkontraktes. Etwa wenn 10 Stunden vereinbart waren oder wenn Coach und Coachee den Prozeß beenden. Themen sind:
– Mit dem Coachee auf die Ziele zu schauen: „Was haben wir genau vereinbart – und was haben wir erreicht?“

- Woran erkennt der Coachee im einzelnen, welche Ziele er erreicht hat?
- Was ist jetzt anders als vorher? (Ergebnisse, Verhalten, Haltung/Einstellung)
- Feedback des Klienten: Wie hat der Coach ihn unterstützt?
- Was war im Prozeß insgesamt förderlich – hemmend?
- Welche Abschlußvereinbarungen treffen wir?

Gruppen-Coaching: Ein Praxisbeispiel aus einem Krankenhaus

Die Führung eines großen Stadtspitals engagierte uns als Berater, um folgende Herausforderungen besser zu bewältigen:

- Ärzte, Pflegepersonal, technisches und Verwaltungspersonal sollen prozeßorientiert und kooperativ handeln, um die Dienstleistungsqualität des Hauses zu steigern.

- Die Patienten sollen in den Mittelpunkt rücken. Die Mitarbeiter sollen den Patienten mit der Haltung begegnen: „Das ist mein Kunde."

- Die Zufriedenheit, Identifikation und Motivation der Mitarbeiter sollte gefördert werden, um das Spital als attraktiven Arbeitgeber zu profilieren und die Fluktuationskosten zu vermindern.

Mit herkömmlichen Veränderungs- und Weiterbildungsansätzen waren diese Ziele nicht zu erreichen. Der Schlüssel lag in der Verbindung von aktionsorientierten Lernen durch das Handeln von Personen und Organisationseinheiten. Ein Entwicklungsprogramm für die mittlere Führungsebene (Oberärzte, stationsführende Schwestern, Technik- und Verwaltungspersonal) sollte die Veränderungsfähigkeit des Hauses mobilisieren. Ziel des Programms war, die Führungskräfte zu ermutigen, die Verantwortung für konkrete Veränderungen zu übernehmen, fehlende Handlungskompetenzen sollten sie sich aneignen und bei der Lösung konkreter Probleme berufsgruppen- und abteilungsübergreifend zusammenarbeiten.

Das Programm, an dem etwa 60 mittlere Führungskräfte beteiligt waren, umfaßte:

- 6 Seminarmodule, wo Konzepte und Werkzeuge vermittelt wurden; Arbeit am persönlichen Führungsverständnis und Führungsinstrumente, Qualitäts- und Prozeßmanagement, wirtschaftliche Führung, Kalkulation und Kostenmanagement, Moderation und Selbstmanagement, Teamarbeit und Konfliktlösung.

- Jeder Teilnehmer führte selbst ein Veränderungsprojekt durch, wobei obere Führungskräfte als Auftraggeber, Promotoren und Mentoren eingebunden waren. Mittels Einzel- und Gruppencoaching wurden sie auf ihre Rolle vorbereitet, weil das Projektlernen sehr konkret und spürbar den organisatorischen Kontext des Krankenhauses (hierarchische Schranken, Berufsgruppendenken, Abteilungsegoismus, ...) berührte. Die oberen Führungskräfte als Auftraggeber der Projekte mußten sensibilisiert werden, den Rahmen für die Projektarbeit bereitzustellen.

- Je 5–6 Teilnehmer bildeten eine Aktions-Lerngruppe, deren Hauptziel das interdisziplinäre und berufsgruppenübergreifende Lernen war. In Form von Gruppen-Coaching erhielten die Teilnehmer Unterstützung von außen und unterstützten sich gegenseitig.

Im folgenden beschreiben wir den Prozeß des Gruppencoaching. Dieses stellt eine besonders wirkungsvolle Form der Führungskräfteentwicklung speziell im Krankenhaus dar.

Coaching in den Lerngruppen

Je 5–6 Teilnehmer trafen während eines Jahres mindestens einen Tag pro Monat zum Erfahrungsaustausch und zur wechselseitigen kollegialen Beratung und zum persönlichen Feedback zusammen. Themen waren die Veränderungsprojekte, die aktuelle Führungssituation, Konflikte und Alltagsprobleme. Am Beginn traf sich die Gruppe unter Anleitung eines erfahrenen Moderators und Coach, später in Eigenverantwortung.

Was ist das besondere dieses Gruppen-Coaching?

Durch das regelmäßige Zusammentreffen von Personen unterschiedlicher Fachrichtungen (Ärzte, Pflege, Technik, Verwaltung) und Hierarchiestufen werden alte Verhaltensmuster rasch verändert, Konflikte können produktiv ausgetragen werden und die Bereitschaft für die Zusammenarbeit in der alltäglichen Praxis steigt. Während am Beginn große Reserviertheit gegen diese Lernform bestand, wurden in der Auswertung des Führungskräfteprogrammes diese berufsgruppenübergreifenden Lerngruppen besonders positiv bewertet.

Besondere Vorzüge sind:

- Hoch interaktiv und herausfordernd für jeden; kein Rückzug ins eigene Kämmerlein, sondern Auseinandersetzung in der Gruppe
- Konkrete Arbeitssituationen stehen auf der Tagesordnung
- Entwicklungsbegleitend durch die regelmäßigen Treffen über ein Jahr
- Prozeßorientiert durch die schrittweise Bearbeitung komplexer Themen und Projekte
- Dennoch keine längere Abwesenheit der Teilnehmer von Arbeitsplatz und geringer organisatorischer Aufwand.

Was passierte in diesen Gruppen?

Die Mitglieder der Lerngruppen wurden in den Seminarmodulen mit der Haltung des Coaching und entsprechenden Methoden vertraut gemacht. Zusätzlich begleitete ein externer Coach die Lerngruppe am Beginn. Mit der Gruppe wurden Strukturen und Methoden für diese Lerntage erarbeitet und praktisch erprobt. Nach diesem Startpaket arbeiteten die Gruppen eigenständig weiter und hatten sodann die Möglichkeit, telefonisch oder in den Seminarmodulen mit den externen Beratern Erfahrungen und Probleme zu beraten.

Der einzelne Teilnehmer brachte Fragen aus seinem Projekt oder seinem Arbeitsfeld ein:

- Sein Projektkonzept und die geplante Vorgangsweise
- Heikle Gespräche mit Vorgesetzten
- Führungs- und Kommunikationsprobleme
- Krisensituationen im eigenen Team, Qualitätsprobleme
- Persönliche Fragen wie Karriere oder Rollenunsicherheit.

Die Gruppe bearbeitete gemeinsam nach der Struktur G.R.O.W. das Thema, stellte Fragen und entwickelte mit dem Fragesteller Ziele, Lösungsansätze und Schritte. Die Gruppe hatte die Aufgabe, durch Fragen Denkprozesse anzuregen, Blockaden zu bearbeiten und dem Teilnehmer zu helfen, seinen Weg zu finden. Sie war dafür sensibilisiert, die Probleme nicht für den Fragesteller zu lösen. Der Fragesteller hatte die Chance, in einer vertrauensvollen Atmosphäre persönliche Einstellungen und Motive anzusprechen, Stärken und Schwächen zu reflektieren und sein Verhalten im beruflichen Umfeld zu überprüfen. Wichtig war, daß nicht nur die rationalen Aspekte eines Themas Platz hatten, sondern mit zunehmenden Vertrauen auch die emotionale Dynamik. Die Teilnehmer wurden dadurch sensibler in ihrer Selbstwahrnehmung und lernten auch andere Teilnehmer anders zu sehen und mit ihren jeweiligen Gefühlen zu akzeptieren.

Pro Lerntag hatte jedes Gruppenmitglied die Gelegenheit, sich für etwa eine Stunde coachen zu lassen. Die Teilnehmer lernten auf diese Weise überraschend schnell, auch schwierige Projekte kompetent zu bearbeiten, knifflige Situationen etwa in der eigenen Abteilung anzupacken und Konflikte produktiv anzugehen. Das Selbstbewußtsein wurde gestärkt, die Gruppe gab persönlichen Rückhalt.

Wie läuft ein Gruppencoaching ab?

Ein Mitglied der Gruppe führte jeweils als Moderator durch den Tag. In folgenden Phasen liefen die kollegialen Coachings ab:

1. Fragesteller

- Knüpft an die letzte Beratung an (Was war Thema, welches Ergebnis?)
- Was hat sich daraus entwickelt? (Was habe ich getan? Mit welchen Ergebnissen? Wie ist es mir gegangen?)

2. Gruppe

- Teilnehmer können nachfragen, um Situation und Hintergründe zu verstehen. Keine Diskussion.

3. Fragesteller

- Meine Fragen für das Coaching: Was beschäftigt mich? Wo brauche ich Klärung, eine Idee ...? Was will ich von euch?

4. Gruppe

- Zielvereinbarung treffen
- Fragen stellen (G.R.O.W. als Struktur)
- Vermutungen (Hypothesen) bilden
- Persönliche Rückmeldungen geben
- Sparsam Ideen, Hinweise, Rat geben

5. Fragesteller

- Resümee ziehen, Kommentar abgeben
- Was ist mir klarer? Welche Anregungen habe ich aufgenommen?
- Was werde ich konkret tun? (Einzelschritte)

6. Gemeinsam

Reflexion und Bilanz: Ist etwas offen geblieben? Entsprach die Vorgangsweise den Coachingregeln? Persönliche Feedbacks und Empfindungen austauschen?

Erfolgsbilanz des Spitalsprojektes

Die konkreten Anforderungen des Spitals gaben die Entwicklungsrichtung an. Die Veränderungsbedingungen und -bedürfnisse wurden sehr klar vorgegeben, während die Teilnehmer sich ihre persönlichen Lernziele sehr individuell steckten und Veränderungsprojekte ihrer Wahl bearbeiten konnten. Coaching hat geholfen, die Lücke zwischen Lernen und Anwenden im Arbeitsfeld zu schließen.

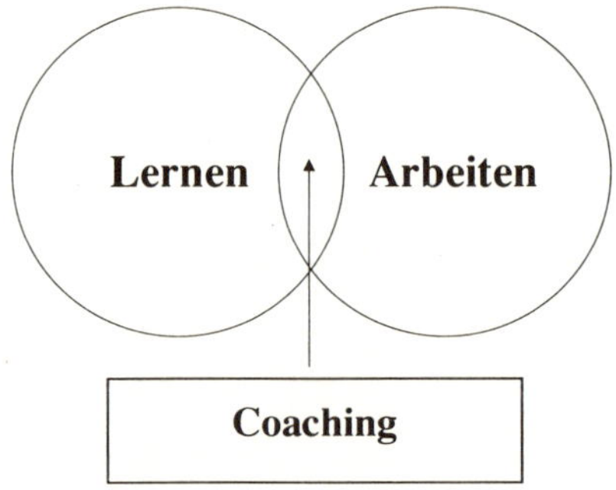

Gruppenlernen wurde ein fixer Bestandteil, um nicht den Einzelkämpfer zu fördern. Qualitätsarbeit in interdisziplinären Prozeßteams wird für die zukünftige Attraktivität und Wettbewerbsfähigkeit eines Krankenhauses von entscheidender Bedeutung sein.

Schlußwort: Was kann Coaching leisten?

Wandel und Lernen waren im Unternehmensalltag noch nie so deutlich gefordert wie heute. Das zunehmende Tempo der Veränderung ist nur zu bewältigen, wenn möglichst viele Menschen in einer Organisation frühzeitig und proaktiv an den Veränderungen mitarbeiten und sie mit Eigeninitiative vorantreiben. Coaching ist dazu ein wichtiges Werkzeug.

Coaching ist sowohl eine professionelle Leistung, die von Spezialisten in verschiedenen Situationen erbracht wird, als auch Denkstil und Werkzeug für Mitarbeiter und Manager, das in vielen Situationen wertvolle Hilfe leistet und sinnvoll anwendbar ist. Es hilft Menschen, mit Situationen besser umzugehen, Probleme zu lösen, sich Fertigkeiten anzueignen und Menschen und Gruppen weiterzuentwickeln. Es verlangt eine positive und lösungsorientierte Einstellung zu Mitarbeitern, Kunden, Kollegen. Das Ergebnis werden verbesserte Leistungen, schnelleres Lernen und ein entspannteres Arbeiten sein.

Coaching hat auf mehreren Ebenen seinen Platz. Ein externer Coach ist sicher am Platz, um auch oberen Führungskräften, die nicht in „Lernbiotope" integrierbar sind, Lernen zu ermöglichen. Für hochbezahlte Führungs- und Projektteams kann es auch sinnvoll sein, mit Hilfe von Coaching rascher zu Ergebnissen zu kommen und die kostbare Zeit gemeinsamer Meetings möglichst effektiv zu nutzen. Möglichst viele Führungskräfte (und Mitarbeiter) sollen zukünftig Coachingfähigkeiten haben, wenn auf Dauer hohe Leistungen bei befriedigendem Arbeitsklima erbracht werden sollen. Die Entwicklung der Coachingfähigkeit sollte daher in das Anforderungs- und Beurteilungsprofil jeder Führungskraft und von Projektleitern Eingang finden.

Wie wird Coaching von den Kunden gesehen?

Eine Befragung von deutschen, österreichischen und Schweizer Führungskräften und Personalentwicklern

Werner Vogelauer

Mehr als 100 Personen nahmen an einer schriftlichen Befragung zum Thema Coaching im Spätsommer 1997 teil. Philipp Jung, BRD, Peter Hotz aus der Schweiz und Werner Vogelauer aus Österreich organisierten die umfangreiche und flächendeckende deutschsprachige Befragung von Führungskräften aller Ebenen, Personalentwicklern und Personalchefs in kleinen wie großen Unternehmen.

Etwa die Hälfte der Befragten ist in einem Dienstleistungsunternehmen (Bank, Versicherung, Handel) tätig, die andere Hälfte verteilt sich auf mehr als 40 Prozent Industrie und der Rest auf öffentliche Verwaltung und Weiterbildungsbranche. In der Altersstruktur waren die Gruppen 30–40, 40–50 und über 50 Jahre nahezu gleich groß vertreten, lediglich die unter 30jährigen waren mit 4 Prozent Anteil repräsentiert.

Erfreulich dabei war auch die nahezu fünfzigprozentige Rücklaufquote. Dadurch entstand ein Einblick in die Praxis der Kundenwünsche, -bedürfnisse und -probleme wie auch deren Anforderungen an und Ablehnungen zum Coach und Coaching.

Viele Führungskräfte haben Coaching-Erfahrung

Coaching scheint nach dieser Befragung in den deutschsprachigen Ländern relativ weit verbreitet zu sein. Fast die Hälfte der Befragten hat schon selbst Erfahrungen mit Coaching gemacht und ein weiteres Viertel erwähnt, daß Coaching in ihrem Betrieb schon praktiziert werde. Lediglich zehn Prozent gaben an, keine persönlichen Erfahrungen und Gedanken darauf „verschwendet" zu haben. Dabei zeigte sich, daß der Anteil der Erfahrungen in Österreich überproportional hoch ist gegenüber der Schweiz, besonders aber gegenüber den deutschen Befragten.

Betrachten wir die Branchenverteilung, so zeigen sich zwischen Industrie und Dienstleistung kaum nennenswerte Unterschiede. Lediglich bei den „gemachten Erfahrungen" liegen Personen aus der Industrie (45 Prozent) höher als in der Dienstleistungsbranche (41 Prozent). Wenngleich die öffentliche Verwaltung in der Beteiligung nicht so umfangreich vertreten war, daß man von einer repräsentativen Aussage sprechen kann, so ist ein Unterschied der Nennungen gegenüber den anderen Branchen deutlich: Keine gemachten Erfahrungen, lediglich gedankliche Beschäftigung mit diesem Thema.

Richten wir den Blick auf die Altersstruktur der Befragten, so zeigt sich ein interessantes Phänomen: Nennen die über 50jährigen am häufigsten, daß sie Coaching-Erfahrungen gemacht haben, wenngleich auch nur mit knappem Abstand, so sind sie auch jene Altersgruppe, die am deutlichsten „keine" Erfahrung bzw. „nur gedanklich damit beschäftigt" angab. Sonst zeigen sich bei den Altersgruppen ziemlich ähnliche Verteilungen.

Eine Überraschung ergab die Durchsicht der Antworten zu der praktischen Nutzung von Coaching. Am meisten wurde – natürlich – das Einzel-Coaching genannt, aber auch Team-Coaching ist – überraschend – hoch von fast einem Drittel der Befragten angegeben worden. Interessant, daß ein Siebtel aller Befragten auch Coaching durch den Vorgesetzten nannten. Nach Branchen liegt der Schwerpunkt bei den Befragten in der Dienstleistungsbranche beim Einzel- und Team-Coaching (zusammen mehr als drei Viertel der Angaben), während in der Industrie ein wesentlich höherer Anteil beim Projekt-Coaching (14 Prozent gegenüber 5 Prozent) zu verzeichnen ist. Bei den Befragten in der Weiterbildungsbranche fällt auf, daß Team-Coaching den gleichen Stellenwert wie Einzel-Coaching einnimmt.

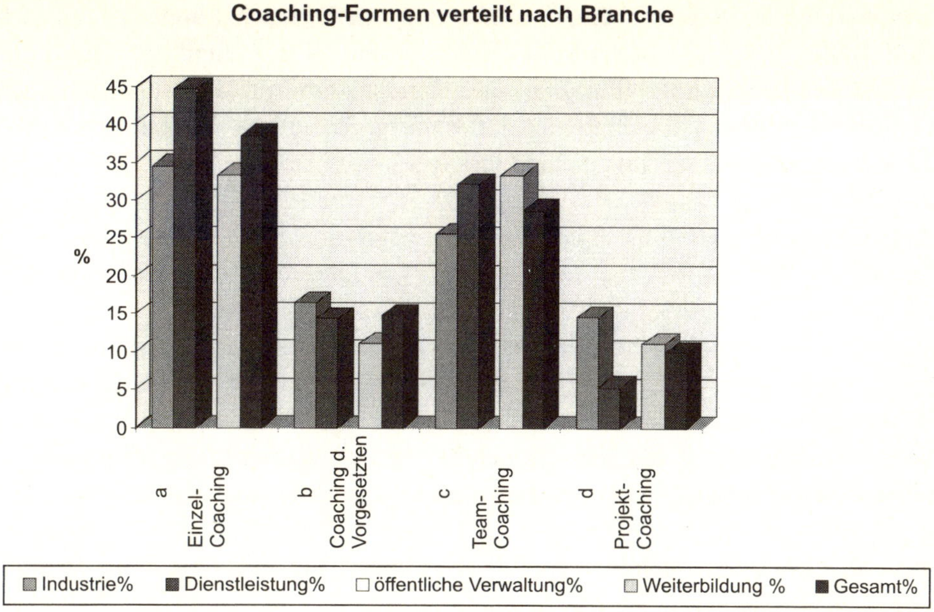

Abb. 1: Coaching-Formen verteilt nach Branchen

Coaching hat ein positives Image

Das überwältigend positive Bild überrascht nicht so sehr – die Rückmeldungen werden eher von Leuten kommen, die tendenziell dem Coaching mehr abgewinnen, als die Nicht-Rücksender – aber interessant sind die Angaben der „gestützten" Antworten[1].

Mit Abstand wird Coaching als Mittel, um Feedback zu bekommen, genutzt (49 Angaben), während dann mit etwas Abstand Coaching als „wirkungsvolle Unterstützung für die Bewältigung des Alltags" (40 Angaben) und „eine wichtige Form der Mitarbeiterführung" (39 Nennungen) folgen. Eine dritte Gruppierung an Angaben waren „persönliche Begleitung in der beruflichen Arbeit" (37 Angaben), „regelmäßige Reflexion der Alltagssituation" (36 Nennungen) sowie „tragende Rolle bei der Personalentwicklung" (35 Angaben). Mit großem Abstand folgt die

1 Aus Einzelgesprächen mit Führungskräften ergaben sich Schwerpunkte, warum jemand Coaching interessant empfindet. Daraus wurden die sieben Antwortmöglichkeiten als „gestützte" Antworten zur Auswahl angegeben.

Formulierung „neue Fertigkeiten vermittelt werden". Nach Ländern zeigt sich, daß Feedback besonders in der Schweiz, aber auch in Deutschland gewünscht ist, während in Österreich die wirkungsvolle Unterstützung für die Alltags-Bewältigung und die regelmäßige Reflexion im Vordergrund stehen. Nach Führungsebenen ist kein signifikanter Unterschied festzustellen.

Als Coach dienen den Führungskräften der ersten und zweiten Ebene vor allem externe Personen (34-Prozent-Anteil) gefolgt von Internen, wobei hier interessanterweise „Führungskräfte" häufiger genannt werden (18-Prozent-Anteil) als Personalentwickler (12 Prozent). Betrachten wir diese Frage unter dem Lichte der Branchenverteilung, so ist der externe Berater bzw. Trainer in der Industrie mit 40 Prozentanteil sehr stark vertreten, während in der Dienstleistungsbranche nur 31 Prozent zu Buche stehen. Hier ist der Anteil der Führungskräfte, aber auch der Personalentwickler mit 16 Prozent höher als im Durchschnitt.

Nach Altersgruppierungen ist bei den über 50jährigen der Anteil der externen Berater an den Coaches 38 Prozent, fällt bei den 40–50jährigen auf 31 Prozent und beträgt bei den 30–40jährigen 32 Prozent. Der Anteil der Führungskräfte als Coaches bleibt durch die Altersgruppen nahezu konstant (15 bzw. 16 Prozent), während die Personalentwickler als Coaches bei den unter 50jährigen einen etwas höheren Anteil einnehmen: 11 Prozent bei den 30–40jährigen, 15 Prozent bei den 40–50jährigen während bei den über 50jährigen der Anteil nur mehr knappe 7 Prozent beträgt.

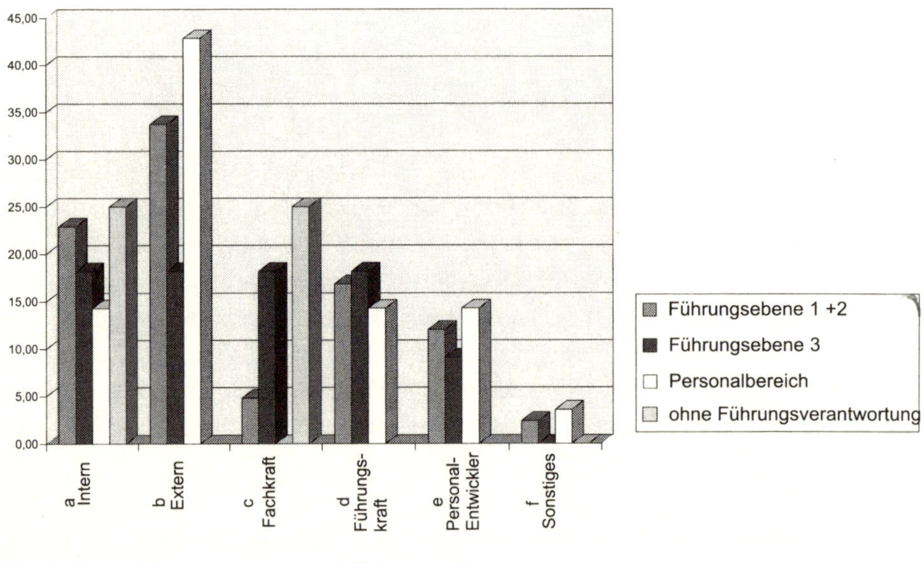

Abb. 2: Coach-Einsatz verteilt nach Führungsebenen

Sehr breites Verständnis von Coaching-Nutzung

Zeigt sich schon bei den Befragten, mit wem sie als Coach gearbeitet haben, ein sehr breites Verständnis, so ist dies bei der zeitlichen Nutzung ebenfalls bemerkbar. Abgefragt wurden Dimensionen wie „punktuell/situativ", „aktuell/problem- oder konfliktbezogen", „regelmäßig", „kontinuierlich/entwicklungsbezogen" und eine Zusatzangabe konnte noch die Anzahl der Coaching-Termine aufnehmen.

Dabei zeigte sich, daß Coaching überwiegend punktuell genutzt wird (Anteil 32 Prozent). Demgegenüber steht die regelmäßige Nutzung mit 22 Prozent. Auch die aktuelle, problem- oder konfliktbezogene Nutzung von Coaching wird häufig erwähnt (26 Prozent), während ein kontinuierlicher und entwicklungsbezogener Einsatz bei knapp 10 Prozent abgeschlagen an letzter Stelle liegt.

Eine Analyse der Altersstrukturen zeigt bei den Ältesten einen relativ geringen Anteil bei punktuellen Coachingmaßnahmen mit 31 Prozent gegenüber 36 Prozent bei den 40–50jährigen und 30 Prozent bei den 30–40jährigen. Der Anteil bei „regelmäßigen Coaching-Aktivitäten" mit 25 Prozent ist mit Abstand am höchsten. Die 40–50jährigen haben hier nur 16 Prozent zu verzeichnen, die 30–40jährigen hingegen weisen 24 Prozent auf. Dafür ist bei „kontinuierlichen entwicklungsbezogenen Maßnahmen" der Anteil der 40–50jährigen sehr hoch. Führungskräfte dieser Alterskategorie nennen zu 14 Prozent dies als Faktor für den Coaching-Zeitaufwand. Die 30–40jährigen nennen dies nur zu 9, die über 50jährigen sogar nur zu 6 Prozent.

In der Literatur wird Coaching heute als „Personalentwicklungs-Zampano" hochstilisiert. Coaching kann fast alles und wird von vielen – Kunden wie Coaches – als Ersatz für andere, vielleicht nicht mehr so moderne Begriffe wie Berater, Mentor und Helfer oder Trainer am Arbeitsplatz, um nur ein paar zu nennen, verwendet. Nach unserem Verständnis kann eine einmalige Maßnahme, wie sie hier durch punktuellen Einsatz widergespiegelt wird, kein wirkliches Coaching sein. Hier wird das Etikett Coaching im schillernden und diffusen Alltag verwendet, auch wenn vielleicht nur ein Klärungs-, Beratungs-, Informationsgespräch o. a. durchgeführt wurde. Punktuelle Gespräche können eine erste Hilfe sein. Nach den Regeln psychosozialer Verhaltensmuster, aber auch sachlicher Veränderungen und der notwendigen Zeiträume spiegelt ein punktuelles Gespräch kaum den Prozeß wider, der notwendig ist, um wirkliche Veränderungen und Umsetzungen zu ermöglichen.

Überwiegende Finanzierung des Coaching durch die Firma

Ein interessantes Thema war auch die Finanzierung des Coaching. Die Bezahlung des Coaching durch die Firma wurde in sehr hohem Maße von den Befragten genannt (60 Prozent), während eine Selbstbezahlung des Coaching durch den Gecoachten nur zu 19 Prozent erwähnt wurde. Eine Teilung der Kosten wurde in 13 der Fälle angegeben, während 8 Prozent der Befragten keine Angaben dazu machten.

Bei den Altersangaben zeigt sich wie bei den Funktionsangaben der Führungsebenen, daß ältere bzw. in der Hierarchie höher stehende Personen mehr Chancen auf die Finanzierung des Coachings durch die Firma haben. 65 Prozent der 1. bzw. 2. Führungsebene gaben eine Bezahlung durch die Firma an, auch 58 Prozent der über 50jährigen. Hoch ist der Prozentsatz auch bei den 40–50jährigen, wo 68 Prozent die Finanzierung des Coaching durch die Firma nannten. Der höchste Anteil der eigenfinanzierten Coachings ist bei der 3. Führungsebene zu konstatieren (28 Prozent), auch bei den 30–40jährigen ist er mit 21 Prozent im Altersstruktur-Vergleich hoch. Eine Teilung der Kosten wird auf der 3. Führungsebene ebenfalls häufig in Anspruch genommen (25 Prozent Häufigkeit). Hoch, wenngleich weniger überraschend, ist der hohe Prozentsatz bei den Befragten im Personalbereich. Bei ihnen kommt zu 78 Prozent die Firma für das Coaching auf, und nur 13 Prozent der Befragten nennen hier die Selbstfinanzierung.

Hohe Wertschätzung des Coaching in den Firmen

Ein Block von Fragen beschäftigte sich mit der Wertschätzung von Coaching im Unternehmen und den Begründungen dafür, der Nutzung von Coaching wie auch der Art, wie Coaching in den Unternehmungen eingesetzt wird. Dabei kam auch das Verständnis für die Rolle des Coaches zur Sprache.

Nahezu 70 Prozent der Befragten gaben positive Angaben, 25 meinten, daß in der Firma das Coaching tendenziell negativ gesehen würde.

Dabei standen folgende Begründungen zur Ablehnung im Vordergrund:

- zu wenig bekannt
- Ängste der Mitarbeiter
- Angst der Geschäftsführung vor Kosten
- Kosten-Nutzen-Effekt als gering eingeschätzt
- zu wenig Wissen über Vorteile
- eine gute Führungskraft braucht das nicht
- Patriarchat, Top-Dogs geben Schwächen ungern zu

Nach der Hierarchiestruktur zeigt sich, daß Führungskräfte der 1. und 2. Ebene mit dem Durchschnitt gleich auf sind (67 Prozent), während besonders im Personalbereich die Wertschätzung hoch ist (73 Prozent). Negativ sehen dies besonders Führungskräfte der 3. Ebene (36 Prozent).

Ländervergleichend sind die deutschen Führungskräfte sehr positiv eingestellt (nahezu 80 Prozent), während die deutschen Personalchefs und Personalentwickler dies nur zu knapp 60 Prozent meinen. In Österreich sind nur 55 Prozent positiver Meinung während mehr als 30 Prozent eine negative Einschätzung haben. In der Schweiz überwiegt eindeutig die positive Einschätzung (nahezu 80 Prozent insgesamt).

Coaching kann als schmales Top-Management-Konzept oder verteilt über die Organisation von einzelnen Personen (meist auf Nachfrage und Meldung) oder als breit eingesetzte Personalentwicklungs-Maßnahme im Unternehmen verwendet werden. Bei der Umfrage zeigte sich, daß in den meisten Unternehmen Coaching von verschiedensten Personen in der Organisation genutzt werden kann (50 Prozent Nennung). Als weit verbreitete Methode der Personalentwicklung wird dies nur zu 18 Prozent angegeben, während immerhin 19 Prozent meinen, daß dies nur auf Top-Management-Ebene eingesetzt wird. Die Top-Manager selbst (1. und 2. Führungsebene) nennen zu 55 Prozent, daß Coaching von einzelnen Personen genutzt werden kann und sehen zu 20 Prozent es als breit eingesetzte Personalentwickler-Methode, aber sehr wohl auch zu 23 Prozent, daß Coaching nur auf der Top-Ebene verwendet wird. Betrachten wir nun die Arten von Coaching, wie sie heute in den drei deutschsprachigen Ländern eingesetzt werden: Weit an der Spitze steht – erwartungsgemäß – das Einzel-Coaching (65 von 188 Angaben). Das Team-Coaching wird an zweiter Stelle der Häufigkeitsreihung genannt

(45 Angaben), während Coaching durch den Vorgesetzten (38 Angaben) und das Projekt-Coaching (26 Angaben) am Schluß rangieren.

Ländervergleichend überrascht, daß in Österreich das Team-Coaching und das Projekt-Coaching kaum genannt werden (11 bzw. 7 Prozent), während in Deutschland 25 bzw. 16 Prozent der Angaben darauf entfielen. Die Schweiz hat beim Team-Coaching mit 33 Prozent den höchsten Anteil. Österreich liegt beim Einzel-Coaching mit 41 Prozent an der Spitze, beim Coaching durch den Vorgesetzten nennen die Deutschen dies mit 23 Prozent am häufigsten.

Bei der Frage nach den Hauptfähigkeiten des Coach, wenn er aus dem Unternehmen kommt, spielt das Feingefühl, Freiwilligkeit und die eigenen Möglichkeiten zu nutzen und nicht in Abhängigkeit bzw. unter Druck zu geraten die Hauptrolle. Das könnte eine Erklärung sein, warum die Wahl der Befragten vor allem auf einen internen Personalentwickler, Weiterbildner oder sonstige Person aus einer Stabstelle entfällt (43 Prozent aller Nennungen). Nach der Meinung der Befragten könnte dies ohne weiteres auch eine Führungskraft aus einem anderen Bereich des Unternehmens sein (31 Prozent). Nur 19 Prozent der Personen meinten, daß dies der unmittelbare Vorgesetzte sein sollte.

In Österreich sind 48 Prozent für einen Personalentwickler oder Weiterbildner und nur 10 Prozent für den Vorgesetzten als Coach. 24 Prozent enthielten sich jedoch hier ihrer Stimme. In Deutschland wird sehr oft die Führungskraft gefordert, einerseits die unmittelbare (25 Prozent), aber auch eine beliebig andere aus unterschiedlichen Bereichen des Unternehmens (36 Prozent). In der Schweiz hingegen überwiegt der Personalentwickler/Weiterbildner (50 Prozent) und die Führungskraft aus anderen Unternehmensbereichen (35 Prozent). Hier wird auch der unmittelbare Vorgesetzte eher abgelehnt (15 Prozent).

Anforderungen an das Coaching

In der Befragung wurden acht Gegensatzpaare zur Beantwortung gegeben. Insgesamt konnte zwischen „sehr stark" und „eher" auf jeder Seite unterschieden werden, aber nur eine Angabe pro Zeile war möglich. Im folgenden die acht Gegensatzpaare zur Übersicht:

Vertrautheit/Vertraulichkeit (Beziehungsqualität)	Distanziertheit
Zeitbegrenzung	offene Zeitgrenze
Problembearbeitung/-lösung	allgemeines Gespräch
flexibel und situativ	fixer Ablauf
Zusammenwirken v. Sachthema und psychologischen Aspekten	nur Sacharbeit
prozeßorientiert/entwicklungsbezogen	rein situativ
Freiwilligkeit	zugeteilter Coach
Einbeziehen des (wirtschaftlichen, personalen) Umfeldes	nur Arbeitsfocus

Tab. 1: Anforderungen an das Coaching – Gegensatzpaare

Wenn wir nun ein Ranking der meistgenannten Begriffe aufstellen, so ergibt dies ein interessantes, wenngleich für Eingeweihte vielleicht nicht überraschendes Bild.

Platz	Anforderung	Prozentanzahl
1	Flexibler Ablauf	90
2	Zusammenwirken von Sachthema und psychologischen Aspekten	90
3	Prozeßorientiert und entwicklungsbezogen	90
4	Problembearbeitung	87
5	Vertrautheit und Vertraulichkeit/ Beziehungsqualität	83
6	Freiwilligkeit	77
7	Umfeldeinbezug	70
8	Zeitbegrenzung	64

Tab. 2: Rangreihe der Anforderungen an Coaching

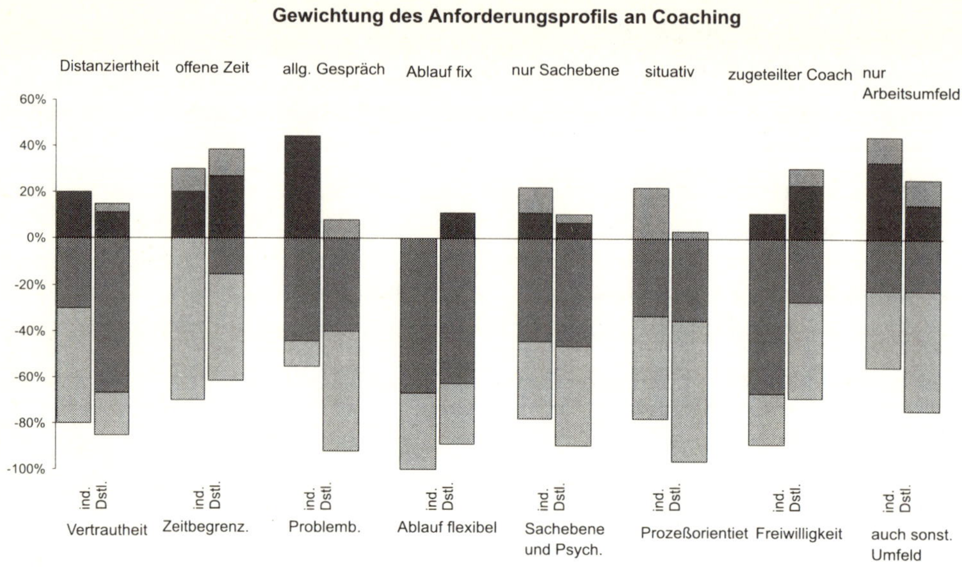

Abb. 3: Polaritätenprofil Anforderungen an das Coaching (gewichtet)

Bei Durchsicht der nach den Funktionen ausgewerteten Fragebögen zeigt sich lediglich bei der „Freiwilligkeit/zugeteilter Coach" eine kleine Abweichung – und das interessanterweise bei den Führungskräften der ersten und zweiten Ebene: Die Mehrheit liegt nach wie vor bei der Freiwilligkeit, jedoch gibt es immerhin 29 Prozent Stellungnahme für „zugeteilten Coach" und das gleichmäßig über alle drei Länder hinweg! Auch beim Gegensatzpaar „Einbezug Umfeld/nur Arbeitsumfeld" gibt es bei den Personalchefs und Personalentwicklern eine überraschende Abweichung vom Trend bei der Angabe „eher nur Arbeitsumfeld" (47% bei einem Durchschnitt von 23%).

Vergleichen wir diese Auswertungen mit den Ländern, in denen diese Umfrage durchgeführt wurde. Bei den meisten Themen ziemlich ähnlich Bewertungen durchgeführt wurden. Beispielsweise sehen Deutsche, Schweizer wie Österreicher den prozeßorientierten Ablauf nahezu gleich (Deutschland 92, Schweiz 91, Österreich 90 Prozent) oder auch die Zeitbegrenzung (Deutschland 64, Schweiz 63, Österreich 65 Prozent). Größere Prozentunterschiede in der Bewertung der Teilnehmer der drei Länder zeigen sich beim Thema „Einbezug des Umfeldes". Hier plädieren zwar 82 Prozent der Österreicher dafür, hingegen sind es in Deutschland nur mehr 70 Prozent und in der Schweiz gar nur mehr 59 Prozent (das polare Einschätzungsfeld ist „nur Arbeitsumfeld").

Eine Abweichung von mehr als 10 Prozentpunkten scheint bei der Polarität „Sachthema und Psychologie vs. nur Sachthema“ auf. In Österreich wollen fast alle (96 Prozent) die Verbindung von Sachthema und psychologischem Aspekt, während in der Schweiz 86 und in Deutschland 84 Prozent sich dafür aussprachen.

Das sich daraus ergebende Bild eines erfolgreichen und zufriedenen Coachings aus Kundensicht stellt Vertrauen, Flexibilität, Integration von Sachbezug und persönlichem Bezug, ein prozeßorientiertes Vorgehen, Freiwilligkeit bei der Coachauswahl und die Einbeziehung des Umfeldes in die Coaching-Arbeit wie auch die Arbeit an den situativen Problemen in den Vordergrund – und das alles unter zeitlicher Grenzziehung.

Ein Nebenthema, nämlich die Protokollierung der Sitzungen, wurde ebenfalls abgefragt. Hier wurden hauptsächlich von den Befragten die Aufzeichnungen durch den Coach genannt (32 Prozent aller Angaben), während Aufzeichnungen durch den Gecoachten lediglich von 29 Prozent der Befragten im Vordergrund stehen. Überraschend der hohe Prozentsatz von 25 Prozent für „überhaupt keine Aufzeichnungen“.

Ein einfühlsamer, kompetenter und verschwiegener Coach ist gefragt

In vielen Veröffentlichungen wird immer wieder die Kompetenz des Coach in den verschiedensten Dimensionen erwähnt, von psychologisch-psychotherapeutischer Kompetenz („Couching“ ...) bis hin zum anderen Extrem des Fachmanns á la EDV-Coaching, wo eindeutig fachliche Kompetenz im Mittelpunkt steht.

Nach einer Vorbefragung einiger Führungskräfte und Personalfachleute wurde folgende Gegensatzpaar-Liste den Befragten zur Einschätzung vorgelegt:

Fachkompetenz/Vertrautheit mit dem Kontext	breites Spektrum an Kenntnissen
menschliche Wärme, aufgehoben sein	nüchtern,, sachliche Ausstrahlung

Fortsetzung S. 144

kommunikative Kompetenz	Sachkompetenz
Ziel- und leistungsorientiert	offene Entwicklung und Freiraum
Handlungs- und Entscheidungsverantwortung liegen beim Gecoachten	Entscheidung durch den Coach
professionelle Distanz	volles Mitmischen des Coach beim Thema
Einfühlungsvermögen	Kühle„ Distanziertheit
Verschwiegenheit	Information an Dritte bzw. Auftraggeber
eigene Erfahrungen als Gecoachter	keine eigene Erfahrung

Tab. 3: Anforderungen an einen Coach – Gegensatzpaare

Herausragende Einschätzungen sind im folgenden in einer „Top ten"-Reihung aufgeführt:

Platz	Anforderung	Prozentzahl	(gewichtete Nennungen)
1	Einfühlungsvermögen	97	(133 : 4)
2	kommunikative Kcmpetenz	94	(124 : 7)
3	Eigenverantwortung	92	(137 : 10)
4	Verschwiegenheit	90	(143 : 11)
5	professionelle Distanz	88	(111 : 15)
6	menschliche Wärme	88	(98 : 13)
7	eigene Erfahrungen	76	(103 : 29)
8	breites Spektrum an Kenntnissen	60	(75 : 46)
9	Ziel- und Leistungsorientierung	57	(64 : 43)
10	offene Entwicklung und Freiraum	43	(43 : 64)

Tab. 4: Rangreihe der Coach-Anforderungen

Bei fast allen Gegensatzpaaren fiel die Einschätzung zugunsten einer Seite deutlich aus. Lediglich das Paar „Ziel-, Leistungsorientierung vs. Freiraum/offene Entwicklung" war nicht so eindeutig beantwortet.

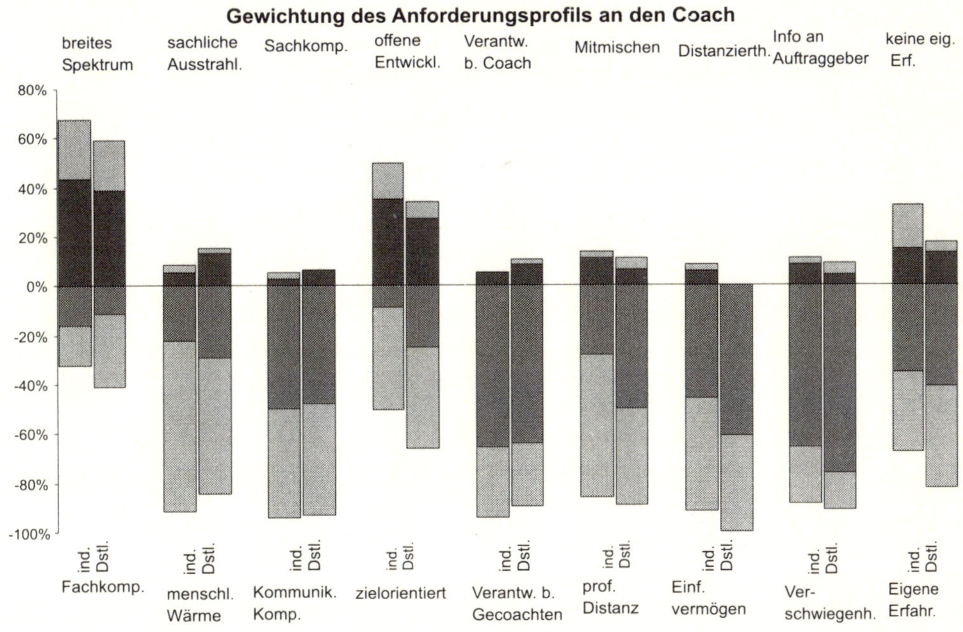

Abb. 4: Gewichtung der Anforderungsprofile an den Coach (nach Branchen)

Mitarbeiterführung und Veränderungsvorhaben sind gefragte Anwendungsbereiche für Coaching

Als abschließende Information lieferten die Befragten noch die aus ihrer Sicht wichtigsten Anwendungsbereiche und -themen, wo sie in der Praxis den meisten Nutzen und die größte Eignung sehen. Einige dieser „Renner" sind bekannt und wurden erwartet, wie Fragen und Probleme der Mitarbeiterführung und die Verbesserung der zwischenmenschlichen Beziehungen am Arbeitsplatz, andererseits sind Themen wie „Personalentwicklung" und „Organisationsentwicklung" sehr breit und diffus. Die Förderung von Schlüsselqualifikationen wie bspw. Kreativität und Innovation als Thema im Coaching ist eher überraschend wie auch die Umsetzung der Unternehmensziele.

Anwendungsbereiche	Prozentanteil
Allgemeine Führungsthemen, neue Führungsaufgaben, Rollenklärung und neue Rolle Führungskraft	11
Neue Jobs, neue Aufgabengebiete, neue Teams	9
Schwierige Situationen, Streß, persönliche Krisen, Durchhänger, Problem/Konfliktbewältigung	
Entwicklung eigener Persönlichkeit, persönliche Entscheidungsfindung, Lebensentscheidung, Zukunftsgestaltung, Interaktion jeglicher Art	6
Personalentwicklungsmaßnahmen, Personalplanung besonders für junge Führungskräfte	5
Veränderungsvorhaben, organisationsbezogene Veränderung, sachliche Unterstützung, Implementierung	5
spezifische Projekte, Projektbegleitung, Widerstände im Projekt bearbeiten, Kommunikationsprobleme	5
längere Begleitung, Kommunikationsprobleme, Prozesse reflektieren, Standortbestimmung	weniger als 5

Tab. 5: Anwendungsbereiche für Coaching

Insgesamt kann ich aus der Coaching-Praxis eine Fülle von Themen nennen, die im einleitenden Gespräch zum Coaching genannt werden. Pointiert könnte man formulieren: Jedes Coaching bietet ein eigenes Thema. Keines ist gleich wie das andere.

Zusammenfassung und Interpretation

Bei Betrachtung dieser Ergebnisse fallen folgende Punkte auf:

- **Coaching ist verbreiteter als ursprünglich angenommen**

Die Aussagen zeigen nicht, ob diese auf die pressemäßige Verbreitung des Begriffs oder der oftmals in Angeboten – vom Unternehmensberater bis zum Psychotherapeuten reichenden – gebräuchlichen Nutzung des Begriffs zurückzuführen ist. Oftmals wird Coaching anhand verschiedenster allgemeiner Vorkenntnisse angeboten, auch in der betrieblichen Anwendung eingesetzt, weil es modern ist.

- **Führungskräfte als Coach haben relativ hohen Anteil**

Besonders in Deutschland, aber auch in den beiden anderen Ländern ist der Anteil der Führungskräfte als Coach hoch, was überrascht. Die Voraussetzung aus fachlicher Sicht ist sicherlich in Ordnung, zumeist fehlt der Führungskraft aber die psychosoziale Aus- und Weiterbildung. Kommunikationstraining alleine ist zuwenig, um Coaching wirkungs-voll machen zu können. Es fragt sich auch, ob sich Führungskräfte ihrer moralischen Verantwortung bewußt sind, direkt oder indirekt den Coaching-Partner zu beeinflussen. Die Führungskraft kann sogar die Durchsetzung „eigener Ziele" beim zu Coachenden anstreben. Das kann und darf aber nicht das Ziel des Coaching sein, da sonst Vertrauen und Engagement beim zu Coachenden zusammenfällt und zum Anpassungslernen und Adaptionsverhalten führt. Führungskräfte, die nicht mit eigenen MitarbeiterInnen arbeiten bzw. keinen direkten Arbeits-Bezug zum Coaching-Kunden im Unternehmen haben, besitzen akzeptable Ausgangsverhältnisse und können bei entsprechender Weiterbildung, Training und eigener Reflexionsarbeit sinnvolle Coaching-Arbeit leisten.

- **Schillernder bis chaotischer Begriffsdschungel zum Thema Coaching**

Da Coaching „en vogue" ist und auch für viele Personen (Anbieter wie Nutzer) ein neues interessantes und (scheinbares) leichtes Tun darstellt, gibt es gegenwärtig fast alle Schattierungen. Man kann sicherlich in dem einen oder anderen Fall von „altem Wein in neuen Schläuchen" sprechen, wenn der alte Beratungsbegriff neu als Unternehmer-Coaching verkauft wird oder plötzlich Fachtrainer und Führungskräfte das An- und Einlernen ihrer Mitarbeiter in neue Fähigkeiten oder die qualitative Verbesserung der beruflichen Tätigkeit als Coaching bezeichnen. Ich glaube, daß es dem Coachingansatz und der betrieblichen Anwendung besser tun würde, bei einer sich entwickelnden und differenzierter werdenden psychosozialen Begriffslandschaft jene Begriffe zu nutzen, die exakt die Tätigkeit beschreiben.

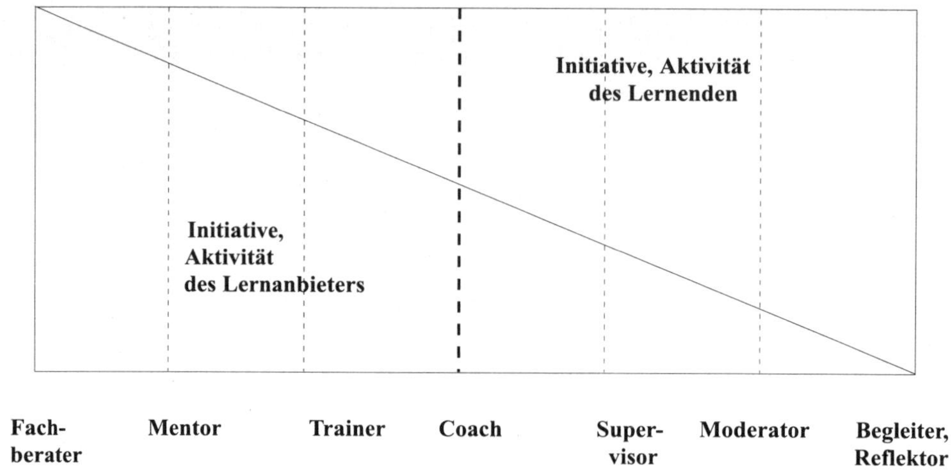

Abb. 5: Kontinuum einiger psychosozialer Rollen

Team-Coaching überraschend weit verbreitetBei Durchsicht der Befragungsergebnisse zeigt sich ein hoher Anteil von Befragten, die Team-Coaching wollen bzw. nutzen. Im Detail wäre zu hinterfragen, ob nicht das eine oder andere Mal Team-Entwicklung mit Team-Coaching verwechselt wird. Coaching ist als Ansatz für Personen und Gruppen geeignet, die bereits fachlich und beziehungsmäßig auf dem laufenden sind. Mit diesen Kenntnissen und Beobachtungen weiterzuarbeiten, können wir ruhig als Coaching bezeichnen. Hingegen die vollständige Ausbildung bzw. Grundlagenarbeit, zueinander zu finden und miteinander einen Grundkonsens der Zusammenarbeit zu erreichen, ist in Team-Entwicklungs-Arbeit, in der Form von Team-Klausur(en) usw. besser aufgehoben.

Andererseits bestehen auch gute Möglichkeiten, sowohl vom Projektbereich wie auch von Arbeitsteams gesehen, vom Status quo weiterzukommen. Beispielsweise, daß sich ein Projektteam begleiten – „coachen" – läßt, um im Laufe seiner Arbeit fachlich und emotional befriedigender und effektiver wirken zu können, oder daß sich Arbeitsteams eines Außenstehenden bedienen, um miteinander arbeitsmäßig und beziehungsmäßig weiter zu kommen.

• Qualität einer integrativen Arbeit und einer guten Beziehung

Das in der Abbildung sichtbare Viereck von Zusammenwirken sachlicher und psychosozialer Elemente, Vertrautheit und Vertraulichkeit, Problembearbeitung und prozeßorientiertem und entwicklungsbezogenem Vorgehen deutet auf eine sensible, ethisch und wirkungsmäßig optimale Denkhaltung hin. Hier zeigt sich Essentielles für die Coaching-Arbeit.

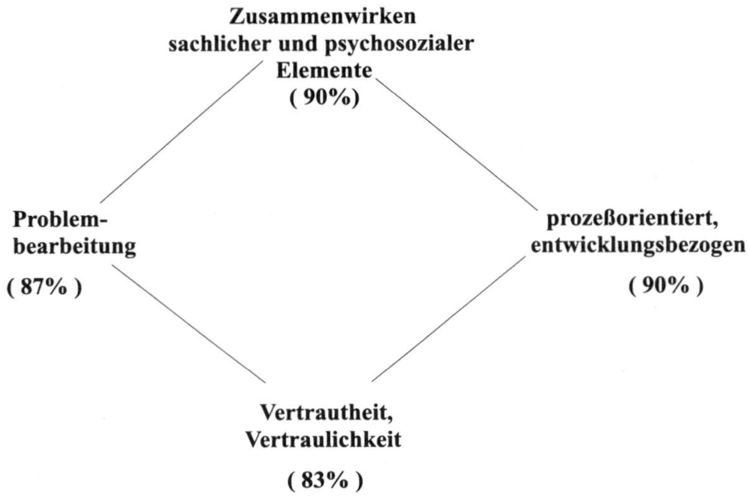

Abb. 6: Die meistgenannten Coaching-Qualitäten

Diese Punkte weisen auf eine offene und ehrliche Beziehungsgestaltung, auf eine solide Aus- und Weiterbildung – nicht nur in Kommunikation oder Psychotherapie – sowie Fähigkeiten in Prozeßgestaltung und Problemlösungsmethodik hin. Wir fühlen uns bestätigt, mit unserer Weiterbildungsarbeit und mit unserem ganzheitlichen Ansatz, wenn einerseits Feld- und Fachkompetenz wichtig sind und andererseits die subtile menschliche Arbeit als soziale Kompetenz und Führungskompetenz für den Gesprächsprozeß gefordert werden.

Die Facharbeit steht meistens still im Hintergrund und ist notwendiges Element. Führungskräfte, Fachberater und Organisationsleute haben hier ihr Metier, das sie einbringen können. Der Coach braucht dazu hohe persönliche und beziehungsorientierte Fähigkeiten wie bspw. Einfühlungsvermögen, Verschwiegenheit oder Kommunikationsgeschick. Das bringen oft Personen mit, die psychologisch oder psychosozial ausgebildet sind. Hier haben Psychotherapeuten, Psychologen, Lebens- und Sozialberater usw. ihre Stärken. Jede dieser Gruppen benötigt jedoch, um Coaching wirklich gut leisten zu können, auch die andere Seite der Medaille.

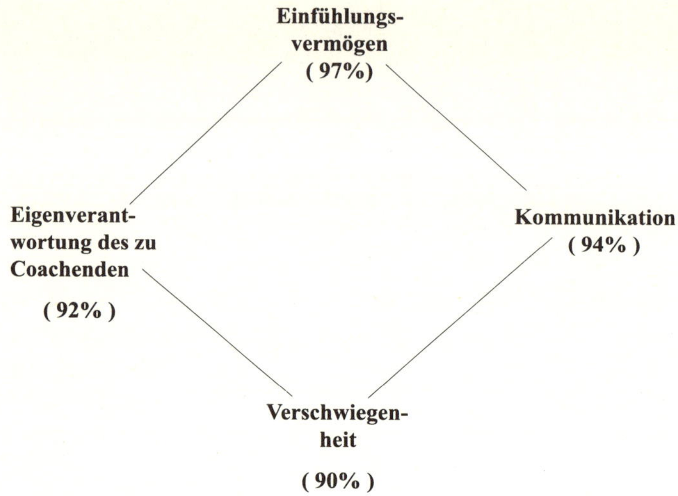

Abb. 7: Zentrale Fähigkeiten des Coach

Insgesamt zeigte die Erhebung, daß Coaching ein wichtiges Element in der Arbeits- und Weiterbildungslandschaft von Unternehmen geworden ist. Vielfach bekannt, oftmals verkannt, wird sich in den nächsten Jahren weisen, ob der schillernde Begriff zu einem wichtigen Hilfsmittel in der persönlichen und beruflichen Entwicklung wird oder sich wie so manch anderer Begriff aus dem Chaos der Definitionen nicht befreien kann.

Autorenverzeichnis

Elfriede Biehal-Heimburger

Dr., ist Psychologin, Psychotherapeutin und Beraterin mit den Arbeitsbereichen Coaching, Persönlichkeitsentwicklung, Gesprächsführung, Konfliktmanagement, Supervision und Organisationspsychologie. Seit 1986 in der Leitung des Lehrgangs für LeiterInnen von sozialen Institutionen/Sozialmanagement tätig und seit 1989 TRIGON-Genossenschaftsmitglied; als Psychotherapeutin in Gestalttheoretischer Psychotherapie ausbildungsberechtigt.

Franz Biehal

Mag. M.A., ist Unternehmensberater, Betriebswirt und Psychotherapeut und seit zwei Jahrzehnten auf dem Gebiet der Personal- und Organisationsentwicklung tätig. Er leitet die PE-Werkstatt der TRIGON Entwicklungsberatung, einer Beratungsfirma, die er 1984 mitgegründet hat. Neben zahlreichen Fachpublikationen ist er auch Lehrbeauftragter an der Universität Innsbruck. Im Management Development ist er als Berater und Projektleiter vieler Unternehmen in verschiedenen Branchen tätig.

Hans Glatz

Dr., Berufsweg: Lehre, anschließend in der betrieblichen Weiterbildung tätig. Nach dem Studium der Sozial- und Wirtschaftswissenschaften Lehr- und Forschungstätigkeit am Institut für Höhere Studien in Wien. Seit 1990 Organisations- und Unternehmensberater. Er ist Gesellschafter und Geschäftsführer der TRIGON Entwicklungsberatung Unternehmungsberatung GmbH in Wien.

Martin Lamprecht

Dr., ist seit 1994 Konsulent für Trigon Entwicklungsberatung. Er war bis Juni 1997 zuerst Verwaltungsdirektor und dann Mitglied der Geschäftsleitung der Krankenhäuser der Barmherzigen Schwestern GesmbH. Er ist nun Geschäftsführer für Europa der Softwarefirma SSI Health Systems zur Erfüllung der klinischen und wirtschaftlichen Informationsbedarfe am medizinischen Arbeitsplatz.

Hans von Sassen

Dr., Studium Bauingenieur und Psychologie. Mitbegründer Institut für Organisations-entwicklung in NL und Trigon Entwicklungsberatung in Österreich. Dozent für Lehrerbildung, Berufspädagogik, Personenwirtschaft. Projekte Organisationsentwicklung, Management-Entwicklung, Coaching und Supervison in Unternehmungen, Verwaltung und Schulen, verschiedene Publikationen

Werner Vogelauer

Dkfm., Dr. der Handelswissenschaften, Unternehmensberater, Coach und Trainer, lehrberechtigter Transaktionsanalytiker unter Supervision der EATA und ITAA, Lehrsupervisor EAS. Gründungsmitglied der TRIGON-Entwicklungsberatung, selbst ca. 12 Jahren als Führungskraft in einer Dienstleistungsorganisation tätig. Seit 1992 Leiter von Weiterbildungsgruppen in Transaktionsanalyse, seit 1994 Leiter der Trigon-Coaching-Werkstatt. Schwerpunkte sind Leitbild-, Strategie- und Kulturfragen in Organisationen, Team- und Führungskräfte-Entwicklung.

TRIGON Entwicklungsberatung

ist ein Beratungsunternehmen für marktorientierte Organisations- und Personalentwicklung mit Büros in St. Pölten, Graz, Klagenfurt und Wien. Wir sind derzeit 18 BeraterInnen. Unsere Haupttätigkeit sind Beratungsprojekte, die wir für Klienten verschiedenster Branchen durchführen. Zu unseren Kunden zählen u. a. Allianz, BASF, BMW, Continental, Credit Suisse, Deutsche Bank, Erste Österreichische Sparkasse, Hoffmann-La Roche, Kapsch, Krankenanstaltenverbund Stmk., Manor, Mercedes Benz, ÖAR GmbH, Porsche Austria, Swissair, VA Stahl, VA Technologie AG, zahlreiche Gemeinden, Verbände, Ministerien, Krankenhäuser und andere Non-Profit-Organisationen.

TRIGON bietet weitere berufsbegleitende Lehrgänge an:

zu Organisationsentwicklung, Personalentwicklung, Prozeßmanagement und EDV-Organisation. Ebenso sind wir bei den Themen Leitbild- und Strategieentwicklung, Lean Management, Teambildung, Qualitätsmanagement, Kundenorientierung, Projektmanagement, Benchmarking, Assessment- und Development Center, bei der Aus- und Weiterbildung von Führungskräften aller Ebenen und von Spezialisten tätig.

Kontaktadresse:
Himmelgasse 6
3100 St. Pölten
Tel. +43-2742/75 757
Fax +43-2742/75 757-4
email: trigon.stpoelten@entwicklung.com

Abbildungs- und Tabellenverzeichnis

Coaching – ganzheitlich gesehen

Der Coachingprozeß

Persönlichkeitsentwicklung im Coaching

Coaching als Problemlösungs- und Entscheidungshilfe

Coaching: Ein Instrument der Unternehmensentwicklung

Wie wird Coaching von den Kunden gesehen?

Literaturverzeichnis

Antons, Klaus: Praxis der Gruppendynamik, Göttingen 1974

Biehal, Franz: Die neue Rolle der Personalentwicklung, in: Glas/Brugger, Der Erfolgskurs Schlanker Unternehmen, Impulstexte und Praxisbeispiele, Wien 1994

Block, Peter: The Empowered Manager, Positive Political Skills At Work, San Francisco/London 1887

Cohn, Ruth C.: Von der Psychoanalyse zur themenzentrierten Interaktion, Stuttgart 1975

Egan, Gerard: Helfen durch Gespräch, 2.Auflage, Weinheim/Basel 1993

Egan, Gerard: The Skilled Helper, Belmont 1994

Hargrove, Peter: Masterful Coaching, San Francisco 1995

Kinlaw, Dennis C.: Coaching for Commitment, Managerial Strategies for Obtaining Superior Performance, Amsterdam 1989

Looss, Wolfgang: Coaching für Manager, München 1992

Neubeiser, Marie-Louise: Management-Coaching, Der neue Weg zum Manager von morgen, 1990

Nolte-Dickmann, H./Wanner B.: Coaching in der Personalentwicklung, in: Pflegemanagement 2/1994

Megginson, D./Boydell, T.: A Manager's Guide to Coaching, 2. Auflage, London 1984

Metzger, Wolfgang: Schöpferische Freiheit, Frankfurt a. M. 1962

Mink, Oscar G./Owen, Keith G./Mink, Barbara P.: Developing High-Performance People, The Art of Coaching, Massachusetts 1995

Schmidt, Gregor: Business Coaching, Mehr Erfolg als Mensch und Macher, Frankfurter Allgemeine Zeitung für Deutschland, Wiesbaden 1995

Schreyögg, Astrid: Coaching, 2. Auflage, Frankfurt a. M. 1996

Servatius, H. G.: Reingineeringprogramme umsetzen, Stuttgart 1994

Vogelauer, Werner: Coaching – Begleitung von Führungskräften zur Selbstentwicklung, in: Kraus/Kailer/Sandner: Management Developement im Wandel, Wien 1990

Walter, H.-J./Wertheimer, Max: Zur Gestaltspsychologie menschlicher Werte, Opladen 1991

Whitmore J.: Coaching für die Praxis, Ffm 1995

Ian Stewart/Vann Joines: Die Transaktionsanalyse, Freiburg/Breisgau 1990

Leonhard Schlegel: Handwörterbuch der Transaktionsanalyse, Freiburg/Breisgau 1993